अन्तर्ध्वनि

स्मृति श्रीवास्तव

AF518572

डायमंड बुक्स

www.diamondbooks.in

प्रकाशक : डायमंड पॉकेट बुक्स (प्रा.) लि.
X-30, ओखला इंडस्ट्रियल एरिया, फ़ेज़-II
नई दिल्ली-110020
फोन : 011-40712200
ई-मेल : wecare@diamondbooks.in
वेबसाइट : www.diamondbooks.in
संस्करण : 2026
मुद्रक : रेप्रो (इंडिया)

Antardhwani
by : *Smriti Srivastava*

अर्पण

भारतीय जीवन समष्टि प्रधान है। माता-पिता से मिले संस्कार, स्नेही स्वजनों, अपनों के सहयोग के बिना तो यह प्रयास संभव ही ना था। आदरणीय विनय कुमार जी और श्री प्राणेंद्र नाथ जी के प्रोत्साहन और मार्गदर्शन से ही मैं लेखन कार्य कर पा रही हूं। इस कार्य को करना मेरी बेटियों अनुपमा, स्मिता, पूजा के परिवारों के सम्मिलित प्रयास से ही संभव हो पाया और उसका संयोजन मेरी सबसे छोटी बेटी पूजा ने किया। मैं डायमंड प्रकाशन के संपादक श्री अभिषेक मिश्रा जी का भी हार्दिक आभार मानती हूं जिन्होंने इस काम को सराहा तथा प्रकाशन के काम को सुचारु रूप से शीघ्रता से सम्पन्न किया।

सादर

स्मृति श्रीवास्तव

प्राक्कथन

ध्वनि एक ऊर्जा है। श्रव्य भी है और अश्रव्य भी। कहीं कहीं पराश्रव्य भी है। ऐसी ध्वनियाँ बाह्य जगत में गूँजती हैं। लेकिन वह ध्वनि जो अन्तःकरण और स्वयं के बीच होती है वह अन्तर्ध्वनि है। यह मूक है, बोलती है परंतु मौन है, मन के द्वार खटखटाती है लेकिन संवेदनाओं के माध्यम से। इसके स्पर्श में सुख है, दुख है, पीड़ा है, वेदना है, हास है, प्रलाप है और अट्टहास भी है।

श्रीमती स्मृति श्रीवास्तव जी की तीसरी पुस्तक "अन्तर्ध्वनि", सृष्टि के कई भावों को स्पर्श करके, अक्षरों और शब्दों के माध्यम से बोलती है। उनकी कविताएं आत्मा का अनुभव हैं। दैविक और दैहिक स्पर्श ही जीवन का सार है। सृष्टि ईश्वर की रची हुई है और मानव उसमें एक क्षुद्र अंश। अतः किसी भी कार्य का शुभारंभ ईश्वर के प्रति प्रेम भक्ति तथा वंदन के साथ होना उचित है।

अन्तर्ध्वनि में स्मृति जी ने ईश वंदना की कुछ रचनाएं ईश्वर को समर्पित की हैं। "जग में चहुं दिश आनंद सरसे/सबके आँगन आशीष बरसे"- गजानन से सबके लिए आशीष मांगती हुई प्रथम कविता में कवयित्री का प्रत्येक प्राणी के प्रति प्रेम और स्नेह सहज ही दिखाई देता है। 'सर्वे भवन्तु सुखिनः' की भावना के साथ स्मृति जी की इस काव्य यात्रा का अगला पड़ाव, भारतीय संस्कृति की धरोहर पर पड़ता है। भारत के पर्व सुख, शांति, स्नेह और सौहार्द के प्रतीक हैं। एक ही पर्व अलग-अलग जगहों पर अलग-अलग नामों से मनाया जाता है लेकिन प्रत्येक पर्व की "अन्तर्ध्वनि" प्रेम सौहार्द तथा एकता की होती है। पोंगल, बिहू, लोहड़ी आदि नाम मकर संक्रांति से जुड़े हैं जिसे उन्होंने अपनी कविता "मकर संक्रांति" में सूर्य को काव्य-अर्घ्य देते हुए लिखा है।

प्रकृति से प्रेम और लगाव स्मृति जी की चेतनता के सौन्दर्य को दिखाता है। चेतना कण-कण में व्याप्त है तथा एक-दूसरे से जुड़ी है, चाहे प्राणी हो या जड़। प्राणी की चेतनता जड़ के जड़त्व के कारण है। यदि हम जड़ को उखाड़ फेकेंगे तो सार्वभौमिक चेतना लुप्त हो जाएगी। पृथ्वी के अति दोहन से दुखी होकर कुछ रचनाएं कवयित्री ने अपनी पीड़ा समझ कर रखी हैं। "धरती को सांस लेने दो", "पर्वत पुकार रहे हैं" जैसी कविताएं धरती की अंतर्वेदना है, मूक चीख है जिसे स्मृति जी ने एक धरा रूपी नारी के रूप में अपनी "अन्तर्ध्वनि" में सुना है।

यह धरती कई अंगों में बँटी है। ये अंग, देश कहलाते हैं। जिस तरह हमारा शरीर अपने अंगों की प्रतिरक्षा स्वयं करने की चेष्टा करता है, धरती के उन अंगों के सैनिक भी अपने-अपने देश की रक्षा करने के लिए तत्पर रहते हैं। साहस और शौर्य में भारत के वीर विश्वविख्यात हैं। आज भी, जब विदेशियों की दूषित धारणाएं आक्रमण करने को तैयार रहती हैं हमारे सैनिकों का शौर्य उन्हें पीछे धकेलता रहता है। सैनिक का शौर्य हमें सुरक्षित रखता है और भारत माँ के लिए कवच बन कर खड़ा है। वीर सपूतों को श्रद्धा सुमन अर्पित करते हुए कवयित्री ने न सिर्फ देश की वीर गाथा को अपनी कविताओं से प्रणाम किया बल्कि भारतीय संस्कृति की अनमोल धरोहर को भी शब्द-अर्घ्य देकर संबोधित किया है।

चारों ओर घूमते घूमते दृष्टि अंततः अपने आस-पास देखती है। अपना परिवार, अपने लोग, अपनापन और अंत में मैं। स्मृति जी ने इन विषयों को "जागृति के स्वर" शीर्षक के अंतर्गत रखा है। "पिता का संबल" से लेकर आने वाली पीढ़ियों की किलकारियाँ, यादों में भी आह्लादित करती हैं। "रिश्तों की दुनिया" प्रेम के रंग से भरी होती है।

"संग संग का स्वाद
माँ के हाथ की
रेशम सी मुलायम रोटियाँ
पापा की बिंदास हँसी

प्यारे सुझाव, प्यारी बातें
भाई बहन की शरारत के साथ साथ
जुड़ जाते हैं प्रीति के धागे"।

धीरे-धीरे इस दुनिया में एकाकीपन आ गया है। स्मृति जी उसे भी स्वीकारती हैं तथा दूर रहने के बावजूद आधुनिक संचार माध्यम में "लाइक और कमेन्ट की दुनिया" को सकारात्मक रूप से रिश्ते निभाने का एक विकल्प उन्होंने अपनी कविता में दिया है-

"जब भी चाहें
हम कर सकते हैं बात
या उन्हें देख सकते हैं
एक वीडियो कॉल कर के"।

अन्तर्ध्वनि का वह हिस्सा जब मन स्वयं से बातचीत करता है तथा उन्मादित होकर हँसता है और विकल होकर प्रलाप करता है, कवयित्री ने पुस्तक के आखिरी पड़ाव का शीर्षक 'अंतर्मन के दीप' रखा है। अंतर्दृष्टि जब स्वयं को टटोलती है तब स्वयं का इतिहास भी दिखाई देता है और भविष्य के धुंधले दृश्य भी। इसमें "अनकही प्रीति भी है" और जीवन का रहस्य भी जिसे "काश! हर कोई समझ पाता"।

मैं चाहती हूँ
बीती बातों को भूल जाना
जो एक लंबे समय से
चुभ रहे हैं मुझे
नश्तर से..

सरल शब्दों में कहे गए ये चार शब्द, व्यापक अंतर्वेदना के प्रतीक हैं। बादल टूट कर पानी बरसाते हैं और मिट्टी टूट कर अन्न उपजाती है। टूटना सृजन का पथ है। इस सृष्टि के इस दर्शन को जीवन-दर्शन के रूप में दिखा कर अपनी कविता "टूटन से सृजन" में कवयित्री ने एक अद्भुत और सकारात्मक संदेश दिया है। पुस्तक के इस भाग में कहीं पीड़ा है,

कहीं आनंद है, कहीं मधुरता है, कहीं संयोग है और कहीं वियोग। मानव जीवन के प्रत्येक पहलू को स्मृति जी ने इस भाग में दर्शाया है। "चाय की चहचहाहट, उम्मीदों के पंख" लेकर आती है तो "अंतर्मन का द्वन्द्व, एक पाती तुम्हारे नाम की" लिखकर "बुद्धत्व" की शरण में चला जाता है।

भाषा की दृष्टि से स्मृति जी ने सरल लेकिन प्रभावी भाषा का प्रयोग किया है। कहीं तत्सम शब्द दिखते हैं तो कहीं जन मानस के बीच प्रयोग होने वाली आम भाषा। "ईश वंदना" में पूर्ण समर्पण तथा "अंतर्मन से" रंग बिरंगी कविताएं समाज की प्रत्येक गतिविधियों तथा चिंतन-मनन के आँगन को झाँकती हैं। अलंकृत भाषा ने कविताओं का सौन्दर्य और बढ़ा दिया है। "अन्तर्ध्वनि" केवल कविताओं का संगम नहीं है, इसमें जीवन की विविध रश्मियाँ परावर्तित होकर अपने-अपने इंद्रधनुषी रंग भी बिखेरती हैं।

स्मृति जी सिर्फ काव्य-कला की ही धनी नहीं हैं। उनका चित्र-अंकन भी अपने आप में चित्र-काव्य है। पुस्तक के प्रत्येक काव्य भाग से पहले उनके द्वारा बनाए गए चित्र, कविताओं का सार हैं। यद्यपि काव्य कला और चित्र कला एक दूसरे की पूरक हैं लेकिन दोनों कलाओं में प्रतिभावान व्यक्तित्व बहुत कम मिलते हैं। ललित कला के दो विषयों में धनी होना, उनका कला के प्रति अगाध प्रेम दिखलाता है।

इस कृति के लिए मैं श्रीमती स्मृति श्रीवास्तव जी को बधाई एवं शुभकामनाएं देता हूँ। आशा है कि इसी तरह भविष्य में भी अपनी लेखनी से वह नए काव्य-चित्र से हिन्दी के साहित्य जगत में प्रकाश बिखेरेंगी।

प्राणेन्द्र नाथ मिश्र

(शीर्ष साहित्यकार)

'कृष्ण: महाभारत के बाद' जैसी कालजयी पुस्तकों के रचनाकार

आशीर्वचन

आदरणीया स्मृति श्रीवास्तव जी द्वारा लिखित पुस्तक अन्तर्ध्वनि में विभिन्न विषयों पर लिखी कविताओं का बहुत ही सुन्दर समावेश है।

आपकी सभी कविताओं की भाषा अत्यंत ही सरल और भाव बहुत ही गहरे होते हैं।

आपकी इस पुस्तक का आरम्भ गणेश वंदना से शुरू हो कर माँ सरस्वती, शंकर जी और दुर्गा स्तुति पर समाप्त होती है।

उसके बाद आपने नूतन वर्ष से ले कर शिक्षक दिवस तक आने वाले सभी पर्व का विस्तृत उल्लेख अपनी कविताओं में बहुत ही सुन्दर तरीक़े से किया है।

भारत का हर नागरिक अपनी मातृभूमि का ऋणी है और यही भाव आपकी कविताओं में भी झलकता है। आपने शूरवीरों और शहीदों की शौर्य गाथा का भी बहुत ही सुन्दर वर्णन किया है।

पर्यावरण और प्रकृति के विभिन्न रूपों का जिस तरह से आपने वर्णन किया है वह अत्यंत सराहनीय है।

इसके बाद आपने समकालीन विषयों; रिवाज़ और परम्पराएँ, बुज़ुर्गों से सीख, बेटियाँ आदि को भी बहुत ही सुन्दर तरीक़े से लिखा है।

कुछ विषय जो अक्सर दिल के बहुत ही क़रीब होते हैं वो भी बहुत ही संवेदनशील तरीक़े से आपने अपनी कविताओं में विस्तृत रूप में संजोया है।

मैं आपके सृजन का सदा ही प्रशंसक रहा हूँ और आपकी यह पुस्तक भी विभिन्न आयामों पर लिखी कविताओं के पुष्पों की बहुत ही सुन्दर माला है।

इस नई पुस्तक की आपको बहुत-बहुत बधाई।

विनय कुमार

(प्रबुद्ध ग़ज़लकार)

उपाध्यक्ष, "काव्य कला मंच" एवं "लम्हे जिंदगी के"

अनुक्रम

अंतर्मन से

इस संसार में मानव ही ईश्वर की सर्वश्रेष्ठ कृति है। उसके पास तीक्ष्ण बुद्धि है जिसके बलबूते वह अंतरिक्ष पर भी अपना प्रभुत्व जमा रहा है। उसके पास विवेक है, उसमें सही गलत में अंतर करने की क्षमता है और यह भी समझ है कि भिन्न-भिन्न देशों का विकास के संबंध में दृष्टिकोण भी भिन्न है। कोई युद्ध के साथ विकास को परिभाषित करता है तो कोई विश्व बंधुत्व के साथ। इस समझ ने ही भारतवर्ष के मनीषियों में सहिष्णुता के साथ-साथ सार्वभौमिक स्वीकृति तथा शांतिप्रिय सहअस्तित्व को यथार्थ बनाया है।

ईश्वर ने हम सबके अंदर एक अनवरत दीप्तिमान अंतः चेतना प्रदान की है । इस दीपपुंज से प्रसारित ध्वनि हमारे उन क्षणों में स्पष्ट रूप से समझ में आती है जब हम काम, क्रोध, मद, लोभ से मुक्त होते हैं। देश काल की परिस्थितियों और व्यक्तिगत सीमाओं के कारण हमें इसकी सार्वभौमिकता पर संदेह भले ही हो जाए, किंतु हमारी देवभूमि में तो साधु संत डाकू, लुटेरों या बेबस गणिका में भी सहज रूप से ही अंतः चेतना जगा देते थे।

हमारे चिंतन और कर्म उसी अंतः चेतना के वशीभूत हो तदनुरूप आकार ले लेते हैं। मैं जब अपनी रचनाओं को बाद में फिर से पढ़ती हूं तो भिन्न होकर भी वे एक ही विचार पर सिमटती सी लगती हैं "सर्वे भवन्तु सुखिनः..."। प्रबुद्ध पाठकों के हृदय में भी ऐसी ही अंतर्ध्वनि सतत प्रवाहित हो, यही मेरी ईश्वर से प्रार्थना है।

स्मृति श्रीवास्तव

वंदन वाणी

गणेश वंदना

नमन करूं गणपति जगवंदन,
प्रथम पूज्य शिव गौरी नंदन।
चंदन चौकी पे तुझे बिठाऊं,
मोतियन चौक पुराऊं गजानन।
जय जय जय हो तेरी गजानन...

मस्तक पर तेरे मुकुट विराजे,
हस्त में तेरे मोदक साजे।
दूर्वा, पान, सुपारी, नारियल,
तुझको भेंट चढ़ाऊं गजानन।
जय जय जय हो तेरी गजानन...

तेरी छवि है बहुत ही प्यारी,
तेरी महिमा बड़ी निराली।
हृदय दीप, नैनों की बाती से,
आरती तेरी उतारूं गजानन।
जय जय जय हो तेरी गजानन...

गौरा मां के अति ही दुलारे,
और शिव की आंखों के तारे।
चरणों की रज तेरी पावन चंदन,
मन से करूं तेरी महिमा गजानन।
जय जय जय हो तेरी गजानन...

ऋद्धि सिद्धि के तुम हो स्वामी,
तुम ही जगत के अंतर्यामी।
मूषक है तेरा प्रिय वाहन,
सकल विघ्न के हर्ता गजानन।
जय जय जय हो तेरी गजानन...

जग में चहुं दिश आनंद सरसे,
सबके आंगन आशीष बरसे।
सबकी कामना पूर्ण करो तुम,
यही प्रार्थना करूं गजानन।
जय जय जय हो तेरी गजानन!!!

❒

वीणा वादिनी मां सरस्वती

वीणा वादिनी मां सरस्वती
सबको देती विद्या का दान।
सादर वंदन नमन है उनको
जिनकी कृपा से मिलता ज्ञान।

विद्या का धन है अनमोल,
करें न हम उसका व्यापार।
जितना बांटें, उतना ही बढ़ता
इसकी महिमा अपरंपार।

अंतःकरण सजे नित प्रति ही
विद्या है अप्रतिम उपहार।
निर्मल, नम्र बने अंतर्मन,
विद्या दे विवेक उजियार।

विद्या है जीवन की साधना,
भरती हिय में नव गुंजार।
तन मन को उज्ज्वल करती ये
खोल हृदय के अंतरद्वार।

हे मां शारदे, विनय है तुमसे,
दूर हों सबके मनोविकार।
विद्या का व्यापार न होवे,
मिले इसे चहुं दिश सम्मान!!!

❐

नमामि शंकर

नमामि शंकर, जय गंगाधर,
तुम करतार, तुम्हीं करुणाकर।
जय शशिशेखर,जय डमरूधर,
तुम सुखराशि, प्रेम के सागर।

जय त्रिपुरारी, जय विषधारी,
गौरीपति तुम हे प्राणेश्वर!
जय भीमेश्वर, जय भद्रेश्वर,
तुम महाकाल, तुम्हीं नागेश्वर।

जय महेश, जय जय अचलेश्वर,
तुम देवेश्वर, तुम ही महेश्वर।
जय भवकारक,तारक, हारक,
तुम ही आदिदेव प्रलयंकर।

जय मनभावन,जय अति पावन,
आशुतोष तुम,प्रेम सुधाधर।
जय त्रिपुरारी, जय नीलेश्वर,
पूजनीय तुम अर्ध नारीश्वर।

नमन करूं मैं हे जागेश्वर,
नीलकंठ जय हे भद्रेश्वर।
कृपा करो तुम हे मुक्तेश्वर,
शरण में ले लो ओंकारेश्वर!!!

❒

आशा का प्रतिमान

आशा और निराशा के पल,
जब मेरे जीवन में आते,
दुर्गम पथ के घने तिमिर को,
आशा के पल जगमग करते,

तब मैं आशा को चुनती हूं,
हां मैं कुछ सपने बुनती हूं।

चाहे आंधियां चलें भयंकर,
पर्वत लेकिन अविचल रहता,
पथ की सब बाधाएं सहकर,
जल नदियों का आगे बढ़ता,

तब मैं आगे ही बढ़ती हूं,
हां मैं कुछ सपने बुनती हूं।

सब सहकर भी सहज भाव से,
चलते ही जाना है निरंतर,
तभी प्राप्ति हो सकती लक्ष्य की,
करके पार दुर्गम सी डगर,

तब मैं लक्ष्य को चुनती हूं,
हां मैं कुछ सपने बुनती हूं।

अपने स्वार्थ साधने हित,
जब लोग हैं धोखा दे जाते,
जीवन के हर प्रश्न पे जब,
दिल दिमाग हैं टकराते,

तब मैं दिल की सुनती हूं,
हां मैं कुछ सपने बुनती हूं।

मन की अभिलाषाओं को,
जब परिश्रम से हैं सजाते,
वही सफल होते जीवन में,
आशा कर्म संग अपनाते,

तब मैं कर्मों से संवरती हूं,
हां मैं कुछ सपने बुनती हूं।

जीवन में कुछ बनना है तो,
बाधाओं से होगा लड़ना,
सोने जैसा ही तपकर के,
कुंदन बनके होगा निखरना,

तब मैं संघर्ष से लड़ती हूं,
हां मैं कुछ सपने बुनती हूं!!!

❒

दुर्गा स्तुति

जगजननी मां तुझे नमन है,
भवतारिणी मां तुझे नमन।
ब्रह्मस्वरूपिणी तुझे नमन है,
भयहरिणी मां तुझे नमन।

तू ही है परधाम निवासिनी,
मूलाधार निवासिनी तू।
अष्टमातृका योगिनी तू ही,
सकल कष्ट निवारिणी तू।

हे विश्वेश्वरी तुझे नमन है,
हे नारायणी तुझे नमन।
जगजननी मां तुझे नमन है,
भवतारिणी मां तुझे नमन।

दश विद्या और नव दुर्गा तू,
सर्व सौभाग्य दायिनी तू।
तू ही शक्ति है, तू ही सौम्या,
मंगला व्याधि विनाशिनी तू।

हे कात्यायनी तुझे नमन है,
हे भवभामिनी तुझे नमन।
जगजननी मां तुझे नमन है,
भवतारिणी मां तुझे नमन।

तू ही जयंती, तू ही काली,
सर्व शत्रु विनाशिनी तू।
तू ही शिवा है, तू ही धात्री,
चतुर्भुजा परमेश्वरी तू।

हे करुणामयी तुझे नमन है,
स्नेहसुधामयी तुझे नमन।
कृपादृष्टि और दयादृष्टि,
बरसाओ हम करते वंदन!!!

❐

प्रेम भक्ति

पार्वती ने की अति कठिन तपस्या
बनीं अपर्णा शिव की चाह में
पाया शिव को,
पार्वती की अटूट प्रेम भक्ति के
वशीभूत हो
शिव बने अर्धनारीश्वर
उसी प्रेम के बंधन में बंध कर
पार्वती बनी शिवमय।

सीता जब गौरी पूजन को गईं,
राम, कुंज में सुमनों को चुनते हुए,
प्रथम दृष्टि में ही,
खो गए उनके प्रेम में,
और उसी पल
हो गए उनके,
उसी प्रेम के बंधन में बंध कर
सीता बनी राममय।

हे मेरे परमेश्वर!
तुम्हारी भक्ति का
ऐसा रंग चढ़ा है मुझ पर,उसी में रम गई हूं मैं,
मुझे नहीं है आकांक्षा

धन, ऐश्वर्य, वैभव की,
केवल चाहती हूं
तुम्हारे प्रेम, तुम्हारी प्रीति
के बंधन में बंधना,
तुम्हारी चाहत में डूबना,
और
तुम्हारे ही स्मरण में खोकर,
बन जाना भक्तिमय!!!

❒

क्षमा की गरिमा

हो जाए ग़लती तो
क्षमा मांग लीजिए।
ग़लती स्वीकार करने में
कभी देर न कीजिए।

गलतियां सुधरती हैं
आपसी संवाद से।
अपनी मानसिकता को
समय रहते सुधारिए।

लड़ना झगड़ना और
दिल तोड़ना है आसान।
आपसी प्रेम सौहार्द
दिन ब दिन बढ़ाइए।

गलतियों का समावेशक
समाधान है अनिवार्य।
आपसी सहमति और
आपसी संतुलन चाहिए।

अच्छे बुरे की परख तो
होती है हर इंसान को।
फिर कोई भूल न हो, ऐसे
निज ग़लती सुधारिए।

क्या होगा निरर्थक और
व्यर्थ वाद विवाद से।
क्षमायाचना का दीपक
हृदय से दीप्त कीजिए।

प्रेम प्रीति में निहित हैं
शक्तियां अपार अनूप।
त्याग कर निज अहम को
परस्पर प्यार निभाइए !!!

❒

पर्व-पुष्पांजलि

नूतन वर्ष

चैत्र शुक्ल प्रतिपदा सुहानी झंकृत रोम रोम कर जाए,
भारतभूमि के नवलवर्ष के शुभागमनसे मन खिलजाए

देहरीआंगनचौक पुराके चलोसखि सबमिलमंगल गाएं
तोरण अपने द्वार लगाकर, हम अपना नव वर्ष मनाएं

ले मन में स्नेह का नवांकुर,नव श्वासों का मलय बहे,
ईर्ष्याद्वेष क्रोध को तजकर हम सब जग में मिलके रहें

नव ऊर्जा और नव उमंग संग, मानव का कल्याण हो,
पद दलितों का उत्थान हो, नव आशा का संचार हो।

नवलगीत औ नवलप्रीत से हर जीवन हो जाए तरंगित
नवलचाहऔ नवप्रवाह सेहर जीवनहो जाए पुलकित।

नवलवर्ष की अरुणिम किरणें लाएं सुखदसुनहरा पल,
सुखके सुमनखिलें प्रतिगृह में जीवन ये हो जाए सरल

हे नव वर्ष के प्रथम प्रभात, दो सबको अच्छी सौगात,
नैतिकता के मूल्य गढ़ें और नव इतिहास के पृष्ठ रचें।

नवउत्कर्ष नवलउल्लास नवल राह और नवल उजास,
नएवर्ष में नईपहल हो सुखमय हर आंगन का कलहो।

❐

मकर संक्रांति

मकर संक्रांति पर्व सूर्य का,
करता है आराधन।
उसे अर्घ्य देकर करते सब,
कृतज्ञता ही ज्ञापन।

सूर्य धरा के सब जीवों के,
जीवन का है दाता।
दसों दिशाएं होतीं पुलकित,
जब जब यह मुस्काता।

सूरज के स्वागत में उड़तीं
नभ में अमित पतंगें।
हर्षोल्लास की मन में ऊंची
उठतीं आज तरंगें।

तमिलनाडु में इसे मनाया
जाता है "पोंगल" कह।
वहीं असम में "माघ बिहू" से
पहचाना जाता यह।

पर्व "लोहड़ी" पर उमंग से,
फसलें नई सजाते।
हरियाणा, पंजाब में इसको,
इक दिन पूर्व मनाते।

उत्तरगामी होकर सूरज,
जब जग को चमकाता।
मकर संक्रांति का उत्सव,
सबके जीवन को महकाता।

प्रकृति, धर्म, संस्कृति का है,
यह पर्व बहुत ही पावन।
एक सूत्र में पूरे देश का
करता जो संयोजन...!!!

❐

रक्षाबंधन

प्रीति की धरती, ममता का
आकाश है रक्षाबंधन।
भाई बहन के प्रेम से मिश्रित
हास है रक्षाबंधन।

रक्षाबंधन नहीं है केवल
राखी का त्योहार।
कच्चे धागों में ही नहीं,
बंध जाने का व्यवहार।

भाई बहन के रिश्ते का
इतिहास है रक्षाबंधन।
प्रीति की धरती...

रंग बिरंगे, अक्षत, रोली,
मिश्रित इन धागों के अंदर।
भाई के अदम्य पौरुष का,
लहराता है अथाह समंदर।

बहनों की आशाओं की
मधुर आस है रक्षाबंधन।
प्रीति की धरती...

अपनी निष्ठा, भाई की,
मर्यादा को करके साक्षी।
प्रिय भाई के हाथों पर,
बहन बांधती है राखी।

यह अनुबंध निभाने का
विश्वास है रक्षाबंधन।
प्रीति की धरती...

यह त्योहार है भाई बहन के
रिश्ते की अनमोल धरोहर।
ये पावन धागों का रिश्ता
अतुलनीय और अति ही मनोहर।

मंगल भावों से सिंचित
निश्छल उजास है रक्षाबंधन
प्रीति की धरती...!!!

❐

हरतालिका तीज

शुक्ल भाद्रपद तृतीया की तिथि,
प्रेम प्रीति की अतुलित वीथि।
हरतालिका तीज का ये व्रत,
पिया मिलन की चाह अनवरत।

लिए अखंड सौभाग्य की इच्छा,
करतीं सुहागन शिव का पूजन।
पहन के कंगना, बिंदी, पायल,
नव परिधान, आभूषण नूतन।

पावन प्रीति का अद्भुत रूप,
व्रत ये समर्पण का है स्वरूप।
पूरे दिन करके व्रत निर्जल,
पूजतीं उन्हें जो महेश वत्सल।

एकनिष्ठ ये प्यार का दर्पण,
भावपूर्ण अन्न त्याग का अर्पण।
श्री शिव गौरा का ये अनुष्ठान,
हर लेता समस्त व्यवधान।

शिव गौरा के दिव्य मिलन को,
अर्पित है यह व्रत त्योहार।
सुहागिनों की मंगल कामना,
दीर्घायु हों पिया सोनार!!!

❑

शिक्षक दिवस

ज्ञानामृत का पान हमें, प्रति
दिवस कराते हैं गुरुवर।
शिष्य बने कंगूरा, नींव शिला
बन जाते हैं गुरुवर।

सदा ही अपना धर्म निभाते,
सरस्वती के साधक गुरु।
सकल विश्व में नित ही रचाते,
नव इतिहास ये प्रेरक गुरु।

दूर तिमिर का कर जीवन से,
ज्योति अखंड जलाते गुरु।
सूरज सा तपकर हर पल ही,
ज्ञान रश्मि बिखराते गुरु।

ब्रह्मा, विष्णु, महेश सभी से,
उच्च मिला इनको स्थान।
ज्ञान की गंगा बहाने वाले,
गुरुवर ही हैं सबसे महान।

गुरुवर का गुणगान करें,
शब्दों में इतनी शक्ति कहां?
गीत लिखें गुरुवर पर कैसे,
हममें वह अभिव्यक्ति कहां?

एकलव्य सी होती है अब,
शिष्यों में अनुरक्ति कहां?
राम,कृष्ण,अर्जुन सम जग में,
ढूंढें ऐसे व्यक्ति कहां?

जननी है गुरु, पिता भी हैं गुरु,
समस्त अध्यापक भी गुरु।
जिनसे भी कुछ सीखा हमने,
वो सब भी हैं हमारे गुरु।

माता,पिता और गुरुवर सबको,
बारम्बार नमन वंदन है।
शीश नवाते श्रद्धा से हम,
सबको हमारा अभिनंदन है!!!

❐

मातृभूमि के गौरव

स्वतंत्रता के प्रहरी

हे भारत के शूरवीर,
तुम बनो शांति के दूत सदा।
पर सीमा पे डटे रहो,
जब भारत पर आए विपदा।

सत्य, अहिंसा, अनुशासन और
शांति, धैर्य जीवन का मंत्र।
जन जन के जीवन की,
मानवता की, मर्यादा जनतंत्र।

जन मानस के मन में जगा दो,
प्रिय स्वदेश का नव विहान।
बढ़ते ही रहो निर्भय पथ पर,
गुंजित हो चहुं दिश प्रीति गान।

स्वतंत्रता का राज मुकुट,
हर एक के शीश पे हो शोभित।
मन के कोमल, निश्छल भाव,
सब के हृदय में हों स्थित।

सिंचित हो प्यार से ये धरती,
हो मुक्त कर्म, वाणी, विचार।
भारत मां की है ये पुकार,
बन जाओ उसके कर्णधार।

आगे ही बढ़ो तुम दिग्विजयी,
रच दो भारत में राम राज।
आत्माहुति के माणिक से तुम,
सजा दो मां का स्वर्णिम ताज।

तुम कर्मवीर, तुम शौर्यपुंज,
तुमको है बारंबार नमन।
तुम बलिदानी, तुम अभिमानी,
तुमको है हृदय से अभिनंदन!!!

❐

मातृभूमि वंदन

हे जन्मदायिनि धरिणि जननि,
हे जन्मभूमि, मातृभूमि,
हम तुझको शीश नवाएं,
हम गीत तेरे ही गाएं।

कल कल बहती ये नदियां,
झर झर बहते ये निर्झर।
तेरे आंचल में हरियाली,
चले पवन मतवाली।

हम तुझपे बलि बलि जाएं,
हम गीत तेरे ही गाएं।

तू भानु रश्मि से ज्योतित,
शशि की आभा से मंडित।
झिलमिल तारों से सज्जित,
चमन सुमन से सुरभित।

हम निशि दिन तुझे निहारें,
हम गीत तेरे ही गाएं!!!

❐

संस्कृति का स्वर्णिम स्वर

मेरे भारत की माटी महकता चंदन है।
उस माटी को कोटि कोटि अभिनंदन है।
मेरा भारत सारे विश्व से न्यारा है।
मुझको भारत प्राणों से भी प्यारा है।

शीर्ष में जिसके शोभित पर्वतराज है।
वो ही इसका रक्षक, इसका ताज है।
मनुजों को ही नहीं, ये देवों को भी प्यारा है।
ज्ञान रश्मियों से इसने इस जग को संवारा है।

यहीं है गंगा, हिमगिरि, हिंद की शान है।
तीन रंगों में रंगा ये अपना हिंदुस्तान है।
आज़ाद रहे जय हिन्द, ईश्वर से है फरियाद।
है हम पर ऋण जिन वीरों का करें हम उनको याद।

विश्व की पहली और महान संस्कृति ये।
अनेकता में एकता की अनुरक्त समीकृति ये।
आओ, आज हम अपनी सोच आज़ाद बनाएं।
राम संग ईद, रहीम संग दिया जलाएं।

❐

सद्भाव का सौरभ

द्वेष का विष मिट जाए धरा से,
स्नेह सुधामृत नित बरसे।
सब मिल बोएं बीज प्रेम का,
हृदय सुमन हरषे हुलसे।

सेवा, करुणा, दया और ममता,
जगे सभी के तन मन में।
करें प्रशंसा और सराहना,
घुले प्रेम जन जीवन में।

मिले मान सम्मान सभी को,
यही है सर्वोत्तम उपहार।
मिले कर्मयोगी को प्रशंसा,
यही है सच्चा मुक्ताहार!!!

❐

शहीदों की शौर्यगाथा

भारत की पावन भूमि के,
वीरों को अर्पित श्रद्धा के सुमन।
उन वीर सपूत शहीदों को,
शत बार नमन, शत शत वंदन।

सिंचित है भारत की माटी,
वीरों के महा बलिदान से।
गुंजित है भारत का कण कण
उनके साहस के गान से।

उन वीरों ने प्राण गंवाकर,
भारत का मान बढ़ाया है।
अपना सारा रक्त बहाकर,
विजयी तिरंगा फहराया है!!!

❐

विश्वबंधुत्व के प्रहरी

सत्याग्रह का मूल अस्त्र है,
सत्य और अहिंसा।
संयम धैर्य की ढाल से सज्जित,
दूजा कोई न इनसा।

शांति अमन के हैं हम योद्धा,
डरते हैं न किसी से।
काल भी यदि सम्मुख आ जाए,
लड़ते निर्भयता से।

प्रेम और भाईचारे से,
जीता करते सबका मन।
विनम्रता और दृढ़ता से,
फैलाते इस धरती पे अमन।

शांति दूत हैं, विश्व को देते हैं,
संदेश शांति का प्रतिपल।
ज्ञान बाण से विजयी बनकर,
करते राज जगत पर!!!

❑

अतुल्य उत्तरपूर्व

हिमगिरि पूर्व भाल पर चमके, उत्तर पूर्व नगीना
प्रकृति की सुंदरता से सजा है, इसका कोना कोना
उत्तर पूर्व नगीना...

उत्तर पूर्व में ब्रह्मपुत्र नद अर्घ्य सूर्य को चढ़ाती
कल कल स्वर में नदियां सारी, मिलके आरती गातीं
झरने शंखनाद से करते वंदन और अर्चना
उत्तर पूर्व नगीना...

दिव्य हिमालय से ही उपजी विश्व सभ्यता सारी
ब्रह्मपुत्र और गंगा ने मिल स्वर्ण धरा रच डाली
कला और विज्ञान से निर्मित देश की मिट्टी सोना
उत्तर पूर्व नगीना...

मोहक नृत्यों की थापों से गुंजित इसकी वादियां
बुरांश और चेरी ब्लॉसम से सुरभित इसकी घाटियां
हॉर्नबिल के अप्रतिम सौंदर्य से शोभित है ये अंगना
उत्तर पूर्व नगीना...

वैज्ञानिक जितेंद्र के चंद्रयान से हुआ देश गौरवान्वित
केज़ुरसे, मौलाई के प्रति करते हम मस्तक नत
चुनी राह संघर्ष की मन में, ले जनहित की भावना
उत्तर पूर्व नगीना...

भाई सिंह भूतिया,भूपेन हजारिका अपने क्षेत्र में अनुपम
इरोम शर्मिला, मैरी कॉम, मीरा, दीपा हैं रत्नों सम
योगदान इनका है अतुलित, इनके लिए क्या कहना
उत्तर पूर्व नगीना...

यहां नहीं है द्वेष और ईर्ष्या, प्रीति है पलती दिलों में
शौर्य, वीरता के ये धारक, एक वेष, भिन्न रस्में
यहां विजय की बजती दुंदुभी, मनसा, वाचा, कर्मणा
उत्तर पूर्व नगीना...!!!

❐

हरित धरा का आह्वान

पृथ्वी को सांस लेने दो

आओ बढ़ाएं राष्ट्र की गरिमा,
करके प्रकृति संरक्षण।
देश को विपदाओं से बचाएं,
करके दूर प्रदूषण।

आज धरा पर देखो कैसे,
दुःख के बादल छाए।
प्रकृति के दोहन शोषण से ही,
ये दुर्दिन हैं आए।

सतत प्रयत्न करें हम सब मिल,
ध्वनित हो अब भू वंदन।
करके प्रकृति संरक्षण...

जल को बचाकर,वृक्ष लगाकर,
आओ प्रकृति सजाएं।
कोयल,भंवरा, मोर, पपीहा,
मधुरिम स्वर में गाएं।

सूर्य, चंद्र और जलधर का हो,
सदा भव्य अभिनंदन।
करके प्रकृति संरक्षण...

पशु पक्षी से प्रकृति संवरती,
हरियाली से धरती।
अन्न, धान्य, फल, जल से ही है,
हम सबकी ये हस्ती।

गंगा यमुना की पावन
धाराएं हिंद आभूषण।
करके प्रकृति संरक्षण...

मानव शक्ति की अद्भुत क्षमता
जो बिखरी विकल निरुपाय।
करें समन्वय उसका विजयिनी,
मानवता हो जाए।

अपनी क्षमता से महकाएं
हम भारत का कण कण!
करके प्रकृति संरक्षण...

❐

पर्वत पुकार रहे हैं

ये हिममंडित पर्वत श्रृंखलाएं
पुकार रही हैं,
आमंत्रित कर रही हैं हमें,
जिनका अप्रतिम श्रृंगार किया है
नवल प्रभात में
नवोदित सूरज की
अरुण रश्मियों ने,
जो हैं असंख्य नदियों, निर्झरों का
उद्गम स्रोत....

ये पर्वत
बुला रहे हैं हमें
एक मां के समान
अपनी स्नेहिल गोद में
लेनेको तत्पर
बाहें फैलाए हुए
जो अडिग अचल से
खड़े हैं अनगिनत सदियों से
जो हैं आत्मज गंगा यमुना की
अविरल धाराओं की,
जो पावन रज हैं

राष्ट्र भक्ति में समर्पित
महान विभूतियों की,
ये मौन खड़े रहते हैं
हर परिस्थिति में,
बेमिसाल है इनकी अदायगी...

ये पर्वत हैं
जड़ी बूटियों का भंडार,
जिनसे होता है
लाखों रोगों का उपचार,
जब आक्रमण हो वतन पर
तो ये बन जाते हैं अचल रक्षक,
साहस, समर्पण और सहानुभूति
रची पची है इनमें...

ये पर्वत
प्रेरणा दे रहे हैं हमें
चुनौतियों का सामना करने की,
अपने वतन की रक्षा के लिए
अपना सर्वस्व निछावर करने की,
और प्रकृति तथा पर्यावरण को
संवारने के लिए
सतत प्रयत्नरत रहने की...!!!

❐

जिम कॉर्बेट पार्क का संदेश

(अंतरराष्ट्रीय वन दिवस के संदर्भ में)

आओ वन्य जीवन को बचाएं,
आओ वन्य जीवन को बचाएं।
अभी समय है यदि हम सारे,
संयम का जीवन अपनाएं।
आओ वन्य जीवन को...

जिम कॉर्बेट नेशनल पार्क, भारत
की समृद्ध प्राकृतिक विरासत।
वन्य जीव संरक्षण प्रयासों का
प्रतीक, उत्तराखंड में स्थित।
इस प्राकृतिक विरासत को
हम आओ और समृद्ध बनाएं।
आओ वन्य जीवन को...

भारत के बाघ संरक्षण की,
पहल की ये आधारशिला।
ये है समृद्ध जैव विविधता,
का इक सुंदर सुदृढ़ किला।
एकाकार हो प्रकृति से, इस
धरती के स्वर्ग का आनंद उठाएं।
आओ वन्य जीवन को...

मत्स्य, वराह रूप लेकर,
संसार की रक्षा विष्णु ने की।
विद्यावान गुणी हनुमान की,
भरत से तुलना राम ने की।
देवों संग जीवों की गरिमा
ऋषि मुनि जन भी गुनते आए।
आओ वन्य जीवन को...

मां दुर्गा ने ब्रह्म ऊर्जा से
पूर्ण, सिंह को बनाया वाहन।
ब्रह्म ज्ञान से पूर्ण महाभारत के,
लिपिक बने प्रथम पूज्य गजानन।
वन्य जीव की महिमा को हम
सदियों से ही सुनते आए।
आओ वन्य जीवन को...

पुरा हिंद के विज्ञानी ऋषि,
वन में जीवन व्यतीत करते।
उनके अभयारण्य सम आश्रम,
में,सब जीव हिल मिल कर रहते।
जंगल में मंगल करने को
फिर हम अभयारण्य बनाएं।
आओ वन्य जीवन को..

जीव और मानव सब ही हैं जल,
थल,नभ और सूर्य से ऊर्जित।
सबका पालन, पोषण, जीवन,
प्रकृति से ही होता संचालित।
अलग क्यों समझें जीवों को हम,
साथ में आनंद क्यों न मनाएं।
आओ वन्य जीवन को...

❒

प्रेम दीप्ति

मधुर मुक्त आभा है सुरभित पवन,
प्रेम ही प्रेम का हो रहा है सृजन।

हैं नहला रहीं हर कली को तुषारें,
प्रेम ही प्रेम का हो रहा है जतन।

गगन से प्राची की पहली किरण का,
लहर से हो रहा है प्रथम आचमन।

बढ़ रही ज्यों प्रेम की अरुण लाली,
लगता है हो रहा स्नेह पूरित हवन।

प्रेम है त्रिवेणी की निर्मल प्रीति धारा,
प्रेम जल का हो रहा है संगम में अर्पण।

प्रेम ही सत्य स्नेह की दीपित है ज्योति,
प्रेम का हो रहा है सम्पूर्ण समर्पण।

प्रेम ही है अंतर्मन का सुखद वृंदावन,
नयन का नयन से हो रहा है निवेदन।

प्रेम ही है कन्हैया प्रेम ही है राधा,
प्रेम की पूर्णता का हो रहा है दर्शन।

प्रेम है पवित्र पावन प्रेम ही है साधना,
प्रेम से इष्ट का हो रहा है आराधन!!! ❒

गिरती पत्तियों की लय

तरुओं का श्रृंगार ये पत्ते,
पतझड़ में भी मुस्काते हैं।
नहीं इन्हें है कल की चिंता,
पंछियों संग गुनगुनाते हैं।

पवन सुहानी चले तो पत्ते,
झूमते गाते थिरकते डोल।
सर सर करते मधुर सुरों से,
कानों में देते रस घोल।

हवा विषैली पीकर जग में,
जीवन को रखते गतिमान।
सह आघातें हर मौसम की,
गाते हैं खुशियों के गान।

तरुओं के पत्ते हैं धरोहर,
इनसे ही ऋतुओं में बहार।
पतझड़ में भी हैं मुस्काते,
ये ईश्वर का हैं उपहार।

पतझड़ में जब ये पत्ते,
शाखों से टूट के गिरते हैं।
नव पल्लव के स्वागत में,
शाखों को अलविदा कहते हैं।

जब गिरते हैं ये धरती पर,
उसको उर्वरा बनाते हैं।
अपना सर्वस्व लुटाकर भी,
जनजीवन सुखद बनाते हैं।

ये गिरते पत्ते सिखाते हैं,
क्षणभंगुर है सबका जीवन।
हर पल बीते हंसते गाते,
सबको ही जाना है इक दिन!!!

❒

बहारों के दिन

जब उपवन में कलियां चटकने लगें,
खेतों में स्वर्ण फसलें लहलहाने लगें,
गुनगुनी धूप पल पल निखरने लगे,
तो समझ लो आ गए बहारों के दिन...

जब भोर रश्मि पे लाली छाने लगे,
आम्र की डाल पे कोयल गाने लगे,
घर आंगन गौरैया चहचहाने लगे,
तो समझ लो आ गए बहारों के दिन...

जब फूलों में मादकता छाने लगे,
मनमोहक फिज़ा गुदगुदाने लगे,
हर्षोल्लास का आभास होने लगे,
तो समझ लो, आ गए बहारों के दिन...

जब कामदेव प्रकृति को संवारने लगे,
ब्रज में गोप गोपियां नृत्य करने लगे,
कृष्ण प्रेम में डूब राधा रूप धरने लगे,
तो समझ लो आ गए बहारों के दिन...

जब दीपशिखा फागुन वरण करने लगे,
पुष्प टेसू, गेंदा, सरसों के खिलने लगे,
हर इक मन में स्नेहांकुर पनपने लगे,
तो समझ लो आ गए बहारों केदिन...!!!

❒

रिमझिम बूंदों की मधुरिम धुन

रिमझिम बूंदों की मधुरिम धुन,
टिपटिप टिपटिप रुनझुन रुनझुन,
जैसे इक कोमल सी कामिनी
छनकाए पायल छन छन।

जलद गोद से निकल ये बूंदें,
चूमती मां धरती का आनन।
सारी प्रकृति हरित कर देतीं,
आह्लादित करतीं सबका मन।

इन बूंदों का अल्प है जीवन,
पर देती हैं सुख ये अतुलित।
सोंधी सोंधी सी खुशबू से
कर देतीं अंतर्मन सुरभित!!!

❐

लहरों की गूंज

सागर की उत्ताल तरंगें
मधुरिम संगीत सुनातीं।
कभी शांत कभी उग्र रूप
धर तट से आ टकरातीं।

सारी नदियां इसमें समातीं
कितना जल भर जाता।
पर सागर अपने अंतस में,
सबको समाहित करता।

जैसे सागर की लहर सदा
अपनी ही धुन में बहती।
कभी उठके कभी नीचे गिरके
इसकी कहानी कहती।

वैसे ही जीवन के ज्वार
सुख दुख के रंग हैं भरते।
कभी आशा की किरणें लाते
कभी मुश्किलें हैं गढ़ते।

लहरों के आने जाने में
है हर पल की निरंतरता।
रेत के चिह्न बनने मिटने में
निहित है क्षणभंगुरता।

ये निरंतरता, क्षणभंगुरता,
यही प्रकृति का सतत नियम।
ज्वार की गूंज सिखाती जीना,
हर क्षण, हर पल और हरदम!!!

❐

मनभावन फुहारें

रिमझिम बूंदें धरती पर
मोती बन बरसे रे।
धरती की हरियाली और
नव पल्लव सरसे रे।

जलतरंग की सुमधुर धुन
में जल ये बरसे रे।
बूंदें लाईं प्यारे पल
जिनको मन तरसे रे।

मोर मगन मन नृत्य करें और
कोयल गीत सुनाए रे।
छवि अपनी झांकती झील में
लट बिखराए घटाएं रे।

भीगा है तन, भीगा ये मन
मनभावन ये फुहारें रे।
अठखेलियां करें तरुओं से
उनका रूप संवारें रे।

इन बूंदों की अनुपमेयता
लख जियरा हर्षाए रे।
इन जैसे यदि बन जाएं हम
जग ये स्वर्ग बन जाए रे!!!

❐

मनहर मेघ-मालिका

हाथों में बारिश की बूंदें
झिलमिल जैसे मोती की चमक
अंतस महकाए झर झर गिर,
माटी की सोंधी सोंधी महक।

तन को भिगाएं, मन को रिझाएं
निश्छल बूंदें, भीगी फिजाएं।
मन का मयूरा नाचे छम छम,
ठंडी सुखद हवा बहे थम थम।

रिमझिम रिमझिम बूंदों के स्वर,
गाएं राग मल्हार की सरगम।
कोयल गाए मधुरिम सी धुन,
सबके मन हैं सावन सावन।

ये बूंदें उज्ज्वल मनभावन,
करतीं आनंदित अंतर्मन।
देतीं खुशियां सबको एकसम,
ये मनहर बूंदें सुंदरतम।

जैसी खुशियां देतीं बूंदें,
भरतीं जीवन में नव उमंग।
वैसे ही हम जीवंत करें जग,
इंद्रधनुषी रंगों में रंग!!!

❐

रक्तिम अनुरक्ति

आया वसंत, उपवन में खिले,
फूलों के बहुरंगी गुलाल।
पतझड़ की सूखी शाखों पर,
खिल गए पलाश के फूल लाल।

ये हैं वसंत की आग, जिधर
देखो खिल लहक रहे पलाश।
वन में पलाश, भू पर पलाश,
हर डाल डाल फूले पलाश।

छूकर पलाश के फूलों संग,
फागुनी हवा करती विहार।
बालचंद्र से पलाश ने कर,
दिया प्रकृति का नव श्रृंगार।

झूम रहे हैं फूल पलाश के,
हौले हौले ओढ़ चुनरिया।
लाल ओढ़नी से सज इठलाए,
ज्यों कोई प्यारी गुजरिया।

कुसुमित मौसम के आंगन में,
एहसास के परिंदों के संग।
महक रहे हैं फूल पलाश के,
सुर्ख अंगार सा लेकर रंग।

ये पलाश का लाल रंग,
सिखलाता हम एक हैं।
देश भिन्न हैं, वेश भिन्न हैं,
रक्त हमारा एक है।

आओ हम मिल रचें संवारें,
अपनी मनोरम प्रकृति धरोहर।
प्रकृति ही हमें देती जीवन,
देकर विशुद्ध वायु निरंतर!!!

❐

शरद ऋतु का आगमन

नवल वधू सी आई शरद ऋतु,
रूप और यौवन छलकाती।
फूलों से वादियां सजाती,
हरीतिमा से भू संवारती।

उसके शुभागमन के संग ही
वसुंधरा का हुआ श्रृंगार।
दीपों की अवली से सजे गृह,
संग आए अनगिन त्यौहार।

सतरंगी पुष्प लताओं ने,
वसुधा का महकाया आंचल।
ओस की बूंदें बरस रहीं,
छनकाती अपनी पायल।

शरद का नीला, धवल, स्फटिक
सा मनहर विस्तृत आकाश।
रंग बिरंगे सुमनो से सज,
धरा है पुलकित हिय में हुलास।

चमके झिलमिल चांद सितारे,
मन के दीप करें उजियारे।
फैला है उजास चहुं ओर,
हुलसित नाचे मन का मयूर।

अमृत वर्षा करता अम्बर,
मानो पावन गंगा का जल।
चारु चंद्र की शुभ्र ज्योत्स्ना,
धरती की अनमोल धरोहर!!!

❐

सितारों की रागिनी

सूर्य हुआ अस्ताचल गामी,
निशा अवतरित हुई धरा पर।
अम्बर पर चंदा और तारे,
आए रुपहले रथ पर चढ़कर।

पूरा अम्बर मोती सम तारों
से हुआ सज्जित शोभित।
इठला इठला, छलक छलक,
तारे भी हुए हर्षित पुलकित।

गहन तिमिर को दीपित करने,
चमक उठे अगणित तारे।
झिलमिल झिलमिल सुखद
चांदनी में ये दमक उठे सारे।

रजनी के सहचर तारों की
आभा से धरती गई निखर।
तारों के मधुरिम गीतों से,
सोई सृष्टि निद्रा में बेखबर।

सुर और ताल से सजे राग में
टिम टिम गीत सुनाते तारे।
अपनी शुभ्र ज्योत्स्ना से,
रंग देते ये सपने सारे!!!

❒

तारों का संगीत

झिलमिल से चमकते ये तारक,
टिमटिम से दमकते थिरक थिरक,
बिन मंद हुए प्रतिक्षण अपलक,
बिन लुप्त हुए नव ऊषा तक।

रजनी के हैं ये चिर सहचर,
दिखलाते पल पल मृदुल चमक,
बिन शब्द किए रुनझुन रुनझुन,
गुनगुन,गुनगुन औ झनक झनक।

प्राची में ऊषा की किरणें जब,
बिखराएं आलोक तिमिर में,
चिड़ियां पर फैला उड़ने लगें,
नव भोर से खिलते अम्बर में।

द्युतिमान सितारे रात्रि के तब,
चल देते मौन कहीं सत्वर,
जब चांद निकलता अम्बर पर,
ये भी आ जाते लुक छिप कर।

ये नवल चांदनी से उज्ज्वल,
मोतियों से जगमग औ चंचल,
जो लुप्त रहे नभ में दिनभर,
सब चमक उठे ज्योतित होकर।

जीवन की क्षणभंगुरता को,
इन तारों ने भी पहचाना,
बारी बारी से मिटना पर,
अगले क्षण ही जीवन पाना।

टिम टिम टिम करते ये तारे,
प्रहरी से रात्रि में जगते हैं,
सुर ताल से मिश्रित गान से ये,
तिमिर में मधु रस भरते हैं।

रात्रि ऊषा का नित्य मिलन,
करता नित नव आशा संचार,
अश्रु हास के विविध रंग ही,
हैं जीवन के प्राण आधार!!!

❐

भोर की सरगम

रात्रि बीत गई तिमिर समेटे,
सुबह सुहानी आई है,
अरुण रश्मियां रवि रथ बनकर,
अम्बर भर पर छाई हैं।

पूरब ने श्रृंगार किया फिर,
दिनकर के नव स्वागत में,
और मुर्गे ने दिनमणि को,
पहली आवाज़ लगाई है।

फिर पक्षी घोंसलों से अपने,
चहक उठे लख भोर की लाली
उनके मधुरिम कलरव से,
ये वसुंधरा मुसकाई है।

उन्होंने अपने पर फैलाकर,
मुक्त गगन में भरी उड़ान,
भंवरों ने भी एक नई सी
स्वागत में धुन गाई है।

मीठा राग विहंगों का,
निश्छल सा प्रेम उमंगों का,
नीरवता को गुंजित कर,
कोयल ने सरगम गाई है।

हर प्राणी संकल्प करे
सपनों को यथार्थ बनाने का,
जीवन बने सजीला, सुरमय,
कलरव ध्वनि शहनाई है...!!!

❒

चिर विरह

धरती और आकाश का
प्रेम है बहुत ही निराला,अनूठा
उनका मिलन है
एक मृग मरीचिका सा,
प्रतीत होता है कि ये मिल रहे हैं
एक दूजे से,
किंतु यह मिलन है अधूरा सा,
एक अनंत आस लिए मिलन की
दोनों हैं सतत प्रयत्नशील,
इनके बीच की दूरी
जैसे है इनके प्रेम की गहराई...

जब अपनी प्रेयसी धरती से
न मिल पाने की
विरह वेदना बढ़ गई हद से
आकाश के नयनों से
प्रवाहित होने लगी अश्रु धारा
धरती पर वर्षा के रूप में,
इस मूक प्रेम को देख
पूछा व्यग्र हो धरती ने
अपने प्रियतम से,

"ये अश्रु किसलिए?"
मैं तो दुखित, व्यथित, कुंठित हूं
मानव द्वारा,
मैं रो नहीं सकती,
आहें भर सकती हूं केवल,
मुझमें भरी है क्रोध की भीषण आग
नासमझ, मूर्ख और स्वार्थी
मानव के लिए।

आकाश ने कहा,
सुनो प्रिये,
तुम क्यों सहती हो
इतना अत्याचार, शोषण, दोहन?
क्यों बंधी हुई हो
लालची, स्वार्थी, कृतघ्न मानव के
मोहपाश में?
मैं नहीं देख पा रहा हूं
तुम्हारी ये दयनीय स्थिति
छोड़कर सबको
आकर मिल जाओ मुझमें...

धरती ने कहा,
"मैं तो प्रतीक्षा कर रही हूं
अंतिम अवसर की
कि या तो मानव सुधरेगा या
भुगतेगा दंड प्रलय का,
तभी मैं मिल पाऊंगी तुमसे,

मत बहाओं अश्रु तुम,
मुझे विश्वास है ईश्वर पर
उसी के अधिकार में है सब कुछ,
वही कल्याण करेगा सबका,
अंत में होगी हमारे
निश्छल प्रेम की जीत
जो है संसार की
सबसे महान गाथा...!!!"

जागृति के स्वर

एक नवल प्रात, एक नवल सृजन

एक नवल प्रात, एक नवल सृजन,
एक नव आशा से ज्योतित मन।
नव उदित सूर्य की रश्मि नवल,
हर श्वास नवल, विश्वास नवल।

हों कृत संकल्प, करें शुभ कार्य,
जो सकल विश्व को हो स्वीकार्य।
करें सुरक्षित सब कन्याएं,
उत्पीड़न की व्यथा से बचाएं।

जाति पांति का भेद मिटाएं,
स्नेह प्रेम का अलख जगाएं।
करें मान सम्मान सभी का,
कभी न हो अपमान किसी का।

प्रकृति भी है अनमोल धरोहर,
उसे बचाएं कर श्रम सीकर।
वृक्ष लगाएं, वन को बचाएं,
सूर्य ऊर्जा से बिजली बनाएं।

करें वृष्टि से जल संरक्षण,
स्वच्छ बनाएं ये पर्यावरण।
धरा पे हो चहुं दिश हरियाली,
खगकुल चहकें डाली डाली।

सब नदियों में हो निर्मल जल,
बहे निरंतर कल कल अविरल।
झरने झर झर गीत सुनाएं,
उपवन सुंदर सुमन खिलाएं।

सुरभित कुसुमित हो हर जीवन,
दर्पण जैसा हो सबका मन।
ईर्ष्या द्वेष का हो जाए अन्त,
आनन्द हो सर्वत्र अनन्त!!!

❐

लाइक और कमेंट की दुनिया

आज
हम सब जी रहे हैं,
सांस ले रहे हैं,
लाइक और कमेंट की दुनिया में
सभी के हाथ में हैं स्मार्ट फोन
और सामने हैं लैपटॉप
शायद ही कोई हो
जो इनसे अछूता हो...

आज
कितने ही मित्र,
कितने ही सगे संबंधी,
कितने ही आत्मीय जन,
जो विदेशों में हैं
या इतनी दूर हैं कि उनसे मिलना
लगता है असंभव सा
उनसे जुड़ने का एकमात्र साधन है
फोन, जिससे
जब भी चाहें हम कर सकते हैं बात
या उन्हें देख सकते हैं
वीडियो कॉल करके...

आज
जब भी हम, हमारे मित्र,हमारे संबंधी
कुछ लिखते हैं या
बीते समय की स्मृतियां
साझा करते हैं तो
एक ओर सकारात्मक और आशावादी टिप्पणियां
हम सभी में एक नई ऊर्जा भर देती हैं
पर कभी यदि कोई
नकारात्मक टिप्पणी कर दे तो
नैराश्य की भावना से ग्रसित हो जाता है
ये हृदय...

कभी कभी तो
ऐसा आभास होता है कि
हम वास्तविक दुनिया से बहुत दूर
आ गए हैं और
खो गए हैं लाइक और कमेंट की
कृत्रिम दुनिया में
और उसे ही समझ बैठे हैं
अपना सच्चा हितैषी...

आज
आवश्यकता है
प्रतिदिन कुछ समय के लिए
फोन और लैपटॉप को भूलकर
उस पुराने समय को जीने की
जब परिवार के
सभी जन

मिल बैठकर लगाते थे
हंसी के ठहाके
मिलजुलकर करते थे
ढेरों बातें
संयुक्त परिवार में रहकर
उठाते थे हर पल का
भरपूर आनंद
मीठी नोंक झोंक का भी
और एक दूसरे के लिए कुछ भी
करने को तत्पर
रहने का भी...!!!

❐

रिवाज़ और परंपराएं

हमारा प्यारा भारत
हमारी जन्मभूमि और मातृभूमि
ये है
पर्व और त्योहारों की धरती
मेले और उत्सवों की धरती
इसमें बसी हैं हमारी
सदियों से चली आती परंपराएं,
रीति रिवाज़
जिनमें निहित है
जीवन का संगीतमय अतीत
इनके विविध रंगों से सजी है
हमारी संस्कृति
जिन्हें कुल की परंपरा मान
संभालती रहीं
पीढ़ियां दर पीढ़ियां...

ये रीति रिवाज़और परंपराएं हैं
समन्वय वर्तमान और अतीत का
ये देती हैं वर्तमान को ऊर्जा,
भर देती हैं जीवन में
सुरभि और हर्षोल्लास

इनका आनंद है अति पावन,
मनभावन...

आज पल पल
परिवर्तित हो रहा है
इनका रूप
नए रंग में, नए ढंग में
एक नवल जीवंतता के संग
जैसे झांक रही हो
झरोखों से
नवोदित सूरज की
सुनहरी खिली धूप...!!!

❒

रिश्तों की जटिल दुनिया

धरती में जब आए दरार,
पूरे ही ढह जाते हैं शहर।
मन में जब आए दरार,
रिश्तों के ढह जाते हैं नगर।

बहुत अनमोल हैं रिश्ते,
बिना शर्तो के हैं ये समर्पण।
इनमें दरार की जगह नहीं,
ये रिश्ते हैं दिल का दर्पण।

ये रिश्ते हैं मेहंदी, पायल,
फूलों से सुगंधित ये गजरे।
मन की पीड़ा को हर लेते,
ये रिश्ते हैं सच्चे सुनहरे।

मन में दरार न आए कभी,
रिश्तों में सदा मिठास रहे।
हो निश्छल स्नेह की अनुभूति,
और अटल सदा विश्वास रहे।

यही है मेरी अभिलाषा और,
सतत प्रार्थना है ईश्वर से।
प्रेम का हो मनुहार परस्पर,
सदा आशीष ही बरसे!!!

पारंपरिक बनाम समकालीन

हमारा अतुल्य भारत
इसमें रची पची है
हमारी सांस्कृतिक धरोहर
जो हैं हमारी
जीवनदायिनी परंपराएं
इनमें है बहुलता,
इनमें है जीवंतता,
इनमें हैं जीवन के
इंद्रधनुषी रंग,
इनमें है वतन के प्रति
मर मिटने की भावना,
इन्हें रखना है
बहुत सम्भाल के, बचा के,
विध्वंस से।

जब लुप्त होती है परंपरा
तो टूट जाते हैं
आस्था के आधार,
जैसे अपनी जड़ों से छूटे,
उखड़े हुए पेड़,
सभ्यता आकुल हो उठती है

अकेलेपन के दर्द से,
मानव मन चीत्कार कर उठता है
युद्ध की विभीषिका से।

तो
आओ, हम मिल
ऐसी कलमें लगाएं
जिनके फलों में हो
अपनी मिट्टी का स्वाद,
एक जागरूक चेतना,
एक ऐसा दृष्टिकोण,
जिनमें हो समय के सच को
परखने की क्षमता।

वर्तमान की जटिलता,
अतीत के अनुभव,
भविष्य की आकांक्षाओं के
आत्ममंथन से विकसित
अंतर्दृष्टि है
समकालीनता,
ये है एक अवधारणा
जिसके मूल में है
सर्जनात्मकता,
नव प्रगतिशील दृष्टि,
जिसमें अवगुंठित है
मानवीयता की
उज्ज्वलता की भावना
और परंपरागत विविधता...!!!

❐

खंडहर

मैं खंडहर हूं,
परित्यक्त गोदाम की
जर्जर होती हुई इमारत का,
मेरे अंतर में निहित हैं
कई अनसुनी, अनकही, अनगिनत
कहानियां...

देखा है मैंने,
कई सभ्यताओं को
बनते, बिगड़ते, खत्म होते
गूंजी हैं यहां असंख्य
खिलखिलाहटें, मुस्कुराहटें, ठहाके
कितने भयावह युद्ध भी
देखे हैं मैंने
उनकी व्यथित गाथाएं
उनमें बसी दर्दनाक चीखें, रुदन
मौन हैं मेरे भीतर...

रही थी कभी शान मेरी भी,
मैं गर्वित था
अपने भव्य निर्माण और
अनूठी संरचना पर,
मैं सजा हुआ था श्वेत संगमरमर से
जगमग करती रोशनी से

उत्साह,उमंग,प्यार, विश्वास से पूर्ण
उत्सवों की आभा से...

आज मैं,
जर्जर होती हुई इमारत का
भग्नावशेष हूं, वीरान हूं
डूबा हुआ हूं गहन अंधकार में
फिर भी,
दे रहा हूं आश्रय
प्रेमियों को, पथिकों को,
बेघर इंसानों को,
पशुओं को,पक्षियों को,
और न जाने कितने ही बेसहारों को,
देता ही जा रहा हूं
बिना रुके, बिना थमे...

मैं खंडहर हूं,
मिट जाएगा एक दिन
मेरा अंतिम अवशेष भी
फिर भी,
छोड़ जाऊंगा अपने स्मृति चिह्न
जिसे खोज निकालेगी,
कोई नई सभ्यता
और गढ़ेगी मेरी कहानियां,
मेरा ज्वलंत इतिहास
जिसकी वाणी
बन जाएगी
अमूल्य धरोहर
मेरे देश की, मेरे वतन की... !!! ❐

संग-संग का स्वाद

मां के हाथ की
रेशम सी मुलायम रोटियां
पापा की बिंदास हंसी के साथ
उनके प्यारे सुझाव, प्यारी बातें
भाई बहन की शरारत भरी नोक झोंक,
जब सब खाते हैं मिलकर संग संग
जुड़ जाते हैं प्रीति के धागे...

सखियां हों साथ
सब मिलें एक रेस्तरां में
मिल बांट कर खाएं
भिन्न भिन्न प्रकार के स्वादिष्ट व्यंजन
खूब हंसे बतियाएं
अनदेखा करके सारी परेशानियां
सब कुछ भूल जाएं कुछ पलों के लिए
जब सब खाते हैं संग संग
जुड़ जाते हैं प्रीति के धागे...

ईश्वर के दरबार में
जब सब जन
लीन होकर भक्ति में
करें ईश्वर का स्मरण
एक सा प्रसाद पाएं

खाएं सब संग
बिना किसी जाति भेद के,
जब सब खाते हैं संग संग
जुड़ जाते हैं प्रीति के धागे...

अनाथ आश्रम के बच्चों को
वहां जाकर खिलाएं
जी भर के उनकी रुचि का भोजन
खुद भी खाएं उनके साथ
और देखें उनके चेहरे पर
खिलती हंसी को
जब सब खाते हैं संग संग
जुड़ जाते हैं प्रीति के धागे...!!!

❐

मैं ऋणी हूं

मैं ऋणी हूं
अपनी जन्मदायिनी मां की
जिसका प्यार भरा आंचल ही था
मेरी पूरी दुनिया...

मैं ऋणी हूं
अपने कर्मठ महारथी पापा की
जिसने मुझे प्यार और अनुशासन से
बनाया आत्मनिर्भर...

मै ऋणी हूं
अपने पूज्य गुरुजनों की
जिन्होंने मुझे शिक्षित कर
पहुंचाया सफलता के
शिखर पर...

मैं ऋणी हूं
अपनी गौरवपूर्ण मातृभूमि की
जिसकी पावन धरती पर मिले मुझे
सुसंस्कार...

मैं ऋणी हूं
इस अन्नपूर्णा वसुंधरा की
जिसमें उपजे अन्न से ही हुआ
मेरा पालन पोषण...

मैं ऋणी हूं
इस अनंत अम्बर की
जिसकी मनहर नीलिमा में प्रस्फुटित हुआ
स्नेह का अवलंबन...

मैं ऋणी हूं
उन हरे भरे वृक्षों की
जिन्होंने अपनी शुद्ध शीतल वायु से दी
मुझे नित नई ऊर्जा...

मैं ऋणी हूं
उन सुंदर, सुगंधित फूलों की
जिन्होंने सिखाया मुझे
कांटों के बीच रहकर भी मुस्काना...

मैं ऋणी हूं
देश के उन जांबाजों की
जिनके कारण ही हैं हम सब
अपने घरों में सुरक्षित...

मैं ऋणी हूं
इस सृष्टि के कण कण की
जिनके समेकित प्रयास से हुआ
ब्रह्मांड का निर्माण...!!!

❒

बुजुर्गों की सीख

बुजुर्गों की ही आशीषों से,
उन्नत आज बने हैं हम सब।
संस्कार मिले हैं उनसे ही,
उनके ही कृतज्ञ हैं हम सब।

भारत की अतुल संस्कृति की,
श्रृंखला की कड़ी हैं हम सब।
बुजुर्गों द्वारा रोपित गुण की,
सुरभित पुष्प वल्लरी हम सब।

हर्षित होते देख सफल हमें,
चिंतित होते असफलता से।
दृढ़ संबल बन हमें सिखाते,
करना सामना विघ्न बाधा से।

आओ, नमन करें हम उनको,
चरणों को छू आशीष ले लें।
उनका सदा सम्मान करें और
उनके सभी सपनों को जी लें!!!

❑

नन्हें जीवनदूत

जब मैं मां बनी
बच्चों की किलकारियों से
खिल उठा मेरा मन
उनकी तोतली बोली सुन
रीझती रही मैं
उनके साथ,
बीते हुए बचपन की
निर्मल आनंद की
जैसे फिर से हुई प्राप्ति...

जब मैं अध्यापिका बनी
तो स्कूल में भी मिला मुझे
बच्चों का साथ
उनका साथ था जैसे
वृक्षों से मिलने वाला ऑक्सीजन
जो हर दिन मिटाता रहा
मेरी थकान
तरंगित करता रहा मेरे हृदय को
नित नई उमंग, नई स्फूर्ति से
मन को करता रहा
आह्लादित...

मुझे अक्सर याद आते हैं
मेरे बचपन के
प्रिय शिक्षक, जिन्होंने
सदा ही दी
मुझे आगे बढ़ने की प्रेरणा
मैंने पाया कि
स्कूल के बच्चे
इतने भिन्न स्वभाव के होते हुए,
इतने भिन्न परिवेशों से आते हुए भी
जिस जीवंतता से प्रस्तुत करते हैं
अपनी भावनाओं को
वह अनुकरणीय है
सारे समाज के लिए...

मैं समझती थी
कि शिक्षक का काम होता है
बच्चों को जीवन दर्शन का पाठ पढ़ाना
किंतु यहां तो मुझे ही
उनसे मिल रहा था
जीवन दर्शन सीखने को
जिसको सभी ने
सराहा मेरे अनुभव कहकर
पर सच में तो
उन्हें प्राप्त करने की
प्रयोगशालाएं थीं मेरी कक्षाएं

जिन बच्चों के संग
ग़ुज़ारे मैंने

दिन के अनगिनत उजाले
उनका अपने जीवन में
योगदान आंकना
अत्यंत कठिन है मेरे लिए
लगभग असंभव सा...

ऐ मेरे प्यारे नन्हें शिक्षकों !
मुझे नई उमंग, नई स्फूर्ति से
नित आह्लादित करने के लिए,
जीवन दर्शन का ज्ञान देने के लिए,
मेरी हर दिन की थकान मिटाने के लिए,
मेरे हृदय को तरंगित करने के लिए,
मैं समझ नहीं पा रही हूं कि
तुम्हें प्यार करूं या
तुम्हारा वंदन
इसलिए दोनों ही समर्पित करती हूं तुम्हें!!!

❐

प्यार के रंग

प्यार के रंगों में
भीनी सी खुशबू है
सुनहरी भोर की
नवल रश्मियों से प्रस्फुटित,
ओस के कणों से
सज्जित सुगंधित फूलों की।

ये फूल प्रतीक हैं
मधुर स्नेह का
इन मनमोहक फूलों की
सबसे बड़ी पूंजी है
सुगंध
जिसमें प्रतिबिंबित होता है
इस जग के
सभी प्राणियों का
असीम प्यार।

मानव जीवन में
प्रकृति का
सबसे अनमोल उपहार हैं
ये फूल
ये देते हैं आनंद

सभी के हृदयों को
ये जोड़ते हैं
बिखरते रिश्तों को
ये भरते हैं
विविध प्यार के रंग
सबके जीवन में
और
सतरंगी बना देते हैं
सबका हर पल।

इनमें समाए हैं
इंद्रधनुष के सारे रंग
जिनसे
ये संवार देते हैं
सबका तन, मन,जीवन
और
सबके अंतर्मन को
महकाते हैं
निश्छल मधुरिम प्रीति की
भीनी भीनी सुगंध से!!!

❒

उन अपरिचित आंखों का अपनापन

अपरिचित आंखों का अपनापन
प्रेम अनुबंध से बांध लेता है।
इक दूजे की भावना समझ
भांति भांति से नेह दर्शाता है।

अपरिचित आंखों का अपनापन
नए रिश्ते आत्मीय बना देता है।
जीवन की कंटीली डगर को
सहजता से पार कर देता है।

अपरिचित आंखों का अपनापन
प्यार, स्नेह का संबल बन जाता है।
आत्मीय डोर से अंतर्मन को जोड़
हृदय में नई उमंग भर देता है।

अपरिचित आंखों का अपनापन
असीम सागर सा गहरा होता है।
मन में कितनी भी निराशा हो,
आशा के दीप जला देता है!!!

❐

जिन सवालों के जवाब नहीं

बच्चों के
जिज्ञासु मन में
उठते हैं कुछ ऐसे सवाल
जिनका कोई भी जवाब नहीं,
जो आज भी हैं अनुत्तरित...

एक बच्चे ने पूछा
अपनी मां से,
मां मां,बताओ ना
किसने बनाए ये चांद सूरज?
किसने बनाए ये धरती आकाश?
किसने बनाई ये बहुरंगी, लुभावनी प्रकृति?
किसने बनाया हम सबको?

मां बोली,
इन सबके रचयिता हैं ईश्वर
बच्चा चहक कर बोल उठा
मुझे भी देखना है उनको,
मां कैसे दिखाती ईश्वर को
वह हो गई निरुत्तर...

अब बच्चे ने पूछा,
अच्छा, बताओ तो

मेरी दादी कहां चली गई?
तो मां ने कहा,
वो देखो, उस तारे में छुपकर
वो देख रही हैं तुम्हें
बच्चा बोला, मां मां,
मुझे भी दादी के पास जाना है
इस सवाल का भी कोई जवाब
नहीं था उसके पास
वह फिर हो गई निरुत्तर...

ऐसे ही कई सवाल
कई बार हम बड़ों के मन में भी
उमड़ते घुमड़ते रहते हैं,
हम ढूंढ नहीं पाते
जिनका कोई समाधान
तो मुझे याद आती है
रामायण की ये पंक्ति...
"होइहि सोइ जो राम रचि राखा"
अर्थात होगा वही जो भाग्य में है,
इसलिए मत ढूंढो ऐसे प्रश्नों के उत्तर
जिनका कोई जवाब नहीं, बस
अपने जीवन को जीते चलो
बहती नदी की धारा की तरह...!!!

❐

बेटियां

बेटियां होती हैं सुगंधित मनोरम फूल
जब मुस्कराती हैं, महक उठता है घर संसार

बेटियां होती हैं प्यारी चहकती चिड़िया
उनकी चंचलता उनकी चहक से आ जाती है घर में बहार

बेटियां होती हैं खुशियों की झलक झिलमिल
उनसे ही होता है माता पिता का हृदय गुलज़ार

बेटियां होती हैं सतत स्नेह का दीपक
उनसे ही ज्योतित है सारा घर देहरी द्वार

बेटियां होती हैं ईश्वर का आशीर्वाद
उनसे ही घर में बरसती हैं आशीषें बेशुमार

बेटियां ही होती हैं लक्ष्मी, दुर्गा, गौरी
उनमें निहित है कांति, शक्ति और प्रेम का अंबार

बेटियों के बिना घर लगता है सूना सूना
कितना रुलाके जातीहैं जब दूजे घरकी बनतीहैं बहार

बेटियां निभाती हैं दोनों कुलों का मान
उनसे ही शोभित हैं दोनों घर परिवार!!!

❐

छोटे छोटे ग्रामों में

छोटे छोटे ग्रामों में स्त्रियां
जल के लिए कितना श्रम करतीं
सुदूर पनघट पर जाकर वे
मटकों में निर्मल जल भरतीं।

फिर एक दूजे के संग हिलमिल
जल ले वापस गृह को जातीं
कर्मठ, सुघड़, सुशील, संस्कारी,
गृह के कार्य जतन से करतीं।

इनके अनथक श्रम, ऊर्जा से
हम सबको ये सीख है मिलती
जल से ही है जीवन सबका,
जल से ही ये धरती संवरती।

जल की हर इक बूंद बचाएं
इसे कभी न व्यर्थ गंवाएं
जन जन तक ये संदेश पहुंचाएं
जल से हर जीवन महकाएं!!!

❒

शक्ति स्वरूपा

साहस है समाया सबमें ही,
तुम नर हो या हो नारी तुम।
नर से यूं कदम मिलाकर के,
अपनी पहचान बनाती तुम।

तुम ही दुर्गा, तुम ही लक्ष्मी,
तुममें बसता देवत्व महान।
तुम नारी हो, कमज़ोर नहीं,
तुममें पलता है स्वाभिमान।

तुम सरस्वती, तुम हो काली,
तुम चामुंडा का प्रहार हो।
तुम अनुसूया, तुम सावित्री,
तुम सीता का अवतार हो।

लक्ष्मीबाई सा शौर्य तुम्हीं,
मीरा सा अतुलित प्रेम हो।
पद्मावती सा जौहर तुममें,
दुर्गावती सा पराक्रम हो।

इतिहास साक्षी है तुमने,
हर मुश्किल को संभाला है।
जब कोई विपदा आई तो,
अदम्य साहस दिखलाया है।

यदि कोई देखे कुदृष्टि से,
रणचंडी का लो अवतार।
चपला बनके टूट पड़ो तुम,
खंडित करो धरा का भार।

अपनी रक्षा स्वयं करो तुम,
शक्ति का बनो रूप साकार।
बुलंद हौसलों का परिचय दे,
बनो जगत का तुम उपहार!!!

❐

तमसो मा ज्योतिर्गमय

अंतहीन रजनी के तिमिर में
नन्हीं दीपशिखा है प्रज्ज्वलित।
अभिलाषाओं की चिंगारी
गहन अंधेरे में भी दीपित।

तम का विदारक सूक्ष्म प्रकाश
हृदय पटल पर नव उल्लास।
रात्रि का मौन करता है विकल
पर यह प्रकाश रहता अविचल।

छोटी सी लौ मन के तमस में
भी है कर्म का मार्ग दिखाती।
सतत है जलती, बुझती नहीं ये
चेतना का आवाहन करती।

जब नव ऊर्जा का होता उदय
तब निरीहता का होता क्षय।
कुछ कर गुजरने की चाहत में
अंतर का तम हो जाता विलय।

पथ की विघ्न बाधाओं का
निर्भयता से करें सामना।
मन में जलती चिंगारी देती
सपनों को जीने की प्रेरणा!!!

❐

समय

समय ही दुखद चुभन है कभी तो,
कभी वही है सुख और चैन।
समय मृत्यु है, समय है जीवन,
वही है मैत्री, वही अमन।

समय के आगे झुक जाते सब,
चाहे जितने भी हों महान।
समय से बढ़कर कुछ भी नहीं है,
समय ही है सबसे बलवान।

समय अनवरत चलता रहता,
बेशकीमती सबसे यह धन।
घड़ी की टिक टिक सा ये चलता,
बनकर सबके हृदय की धड़कन।

खुशियों से क्यों ना भर लें हम,
जीवन का यह स्वर्णिम पल।
किसी को भी आभास नहीं ये,
कैसा हो आने वाला कल।

सीखें समय के संग ही चलना,
जीवन हो जाएगा सरल।
समय का सदुपयोग करके हम,
बना लें इस जीवन को सफल!!!

❐

सफलता का भ्रम

इंसान जब कोई सफलता पाता है जिंदगी में,
तो समझ बैठता है कि
उससे बुद्धिमान
तो कोई है ही नहीं इस दुनिया में
वह इस भ्रम को ही
सच मानकर जीना चाहता है

किंतु
वह यह नहीं समझ पाता
कि यह कोरा झूठ है, छलावा है
क्योंकि
होता तो वही है
जो इस दुनिया रूपी रंगमंच का सूत्रधार ईश्वर चाहता है।

हम सब तो इस रंगमंच के ऐसे कलाकार हैं
जिनकी डोर उसके हाथ में है।
हां, इतना अवश्य है कि
हमें अपने किरदार को बखूबी निभाना चाहिए
पूरी ईमानदारी से, पूरी शिद्दत से,
हाथ पर हाथ रख कर
नहीं बैठना चाहिए
क्योंकि ईश्वर उन्हीं की मदद करता है
जो सतत प्रयासरत हैं!!! ❐

सहानुभूति और युद्ध

जब कहने को असभ्य थे मानव
उनमें था निस्वार्थ प्रेम और निर्मल भावना
वे संग संग जंगलों में विचरते
मिलजुलकर करते जीवन यापन
अटूट विश्वास और मधुर अपनेपन पर ही
टिका था उनका जीवन
पूरी वसुधा ही थी एक कुटुंब...

किंतु अचानक
आई समाज में एक बड़ी सी लहर
कृत्रिम सभ्यता की, स्वार्थ की
साथ ही पनपी
एक दूसरे के प्रति ईर्ष्या
आया एक नया अधिकार...युद्ध
जिसने कुचल दिया
स्नेह, सद्भावना और भाईचारे की
कोमल भावनाओं को
उसका स्थान ले लिया क्रूर हिंसा
और बर्बरता ने
विज्ञान की चमकती अंधी रोशनी में
मानव मानव के मस्तिष्क को
आंकता रहा

उनके सोच और विचार को
अलग करता रहा...

ये कैसा नाता है ?
सभ्यता के साथ बर्बरता का?
जिसने बदल डाला
मानव को
एक हिंसक जंतु में
विश्वास की एक नदी
जो जाती थी मनुष्यता के समुद्र तक
उसमें घोलता रहा
अपना अविश्वास और
बन गया
एक दूसरे का घातक शत्रु

अब ना ही बची
विश्वास की नदी और
ना ही रहा मनुष्यता का समुद्र
दोनों ही खो गए
अमानवीयता के भंवर में
ये समाज अब
कैसे बचा सकेगा
मानवीयता और नैतिक मूल्यों को?
सिसकती, कराहती इन जिंदगियों को?

काश !
हर कोई
अपने मन के रावण को
मार सके
और राम को अपने हृदय में
बसाए जिससे
पुनः जागृत हो
एक दूसरे के प्रति
प्रेम और सौहार्द की कोमल भावना
अधिकार और स्वार्थ के
गहन अंधकार के स्थान पर
उदित हो
त्याग और बलिदान का सूरज
जिसकी आभा से
मिट जाए सबके हृदय का कलुष
प्रवाहित हो धरती पर
शांति की निर्मल धारा और
पूरी वसुधा फिर से बन जाए
एक कुटुंब
जो सुवासित हो
अखंड,अनंत प्यार की खुशबू से...!!!

❐

अंतर्मन के दीप

मधुर हंसीः एक अमूल्य निधि

छंद रच रही मधुर हंसी,
संग नवल अरुणिमा संवर रही है
मधुमयी बयार से सुरभित हो,
वसुधा की आभा निखर रही है।

महक रही है मधुर हंसी,
संग उपवन सुमन से सज रहे हैं
दामिनी की मनहर जगमग से,
जलद गगन में हुलस रहे हैं।

गीत गुन रही मधुर हंसी,
संग झिलमिल झरने झर रहे हैं
सृजन कर रही मधुर रागिनी,
चांद सितारे दमक रहे हैं।

खनक रही है मधुर हंसी,
संग रात भी झूम रही है।
सौंदर्यमयी छवि के गृह में,
विमल दीपशिखा जल रही है!!!

❐

क्यों न जिएं हम हर पल को

हर लम्हा है बहुत खास,
हर पल है ये जिंदगी।
क्यों न जिएं हम हर पल को,
ये जीवन है एक बंदगी।

ये संगम है सुख और दुख का,
इसकी है राह सुगम दुर्गम।
मंजिल को अगर पाना है तो,
हम बढ़ते जाएं चींटी सम।

जब कठिनाइयों के पत्थर से,
लग जाए पांवों में ठोकर,
हम बन करके एक शिल्पकार,
पत्थर तराश गढ़ दें ईश्वर।

यदि कभी निराशा छले हमें,
या अंतर तम से हों हताश।
बिखराएं चहुं दिश चांदनी,
हम बन करके पूनम का चांद।

कल क्या हो उसका भान नहीं,
हम आज का पल तो संवार लें।
बीत गया जो समय लौट के
आता नहीं वापस जान लें...!!!

अंतर्मन के द्वार

जीवन में
ये तो संभव है ही नहीं
कि केवल हो सुखों की छांव,
दुखों की धूप तो
आएगी ही लेकर बहुतेरे
कष्टप्रद असहनीय क्षण,
कभी घोर निराशा के अनगिन कांटे
चुभेंगे, छलनी कर देंगे
हृदय को, मन को,
कभी अनचाहे ही घेर लेंगे
बुरे विचार मस्तिष्क को...

पर
ओ मेरे अंतर्मन !
बंद कर दो सारे द्वार।
दुखद अतीत के, दर्द के, विरह के,
जिसने दी है
कसक, चुभन, टूटन,
बंद कर दो द्वार
उन कटु अनुभवों के,
जिनसे बार बार आहत हुआ है
ये कोमल हृदय,

बंद कर दो सारे द्वार।
अपनों के द्वारा दिए विश्वासघात के,
जिससे टूट गई है
रिश्तों की कोमल डोर,
बंद कर दो दरवाज़े
उन नैराश्यपूर्ण विचारों के,
जो बार बार अनचाहे ही दस्तक
देते रहे हैं हमारे मस्तिष्क में...

ओ मेरे अंतर्मन !
बंद कर दो सारे द्वार।
मत आने दो दिलों दिमाग में
कभी भी दुखों को,
जिससे
केवल हंसी, खुशी और मुस्कराहट
खिलती रहे घर आंगन में,
नित नव आशाओं, विविध पर्वों,
स्नेहिल व्यवहारों से सजता रहे मन,
और हो सदा अनंत सुकून,
अनंत शांति का वास
हृदय में...!!!

❐

काश!

काश!
हर कोई
समझ पाता
जीवन का रहस्य
कि
कोई भी यहां
नहीं आया है होके अजर अमर
निश्चित है मृत्यु
और
आज तक
कोई भी यह नहीं जान पाया
कि क्या होता है
आत्मा का
जब निर्जीव हो जाती है
ये काया...

काश!
मानव ये समझ जाए
कि ये जिंदगी है चार दिन की
तो न ही कोई टकराव हो,
और न ही ईर्ष्या द्वेष

न ही इस दुनिया में युद्ध हों
न ही तबाह हों
निर्दोष व्यक्तियों की जिंदगियां
सबके मन में
एक दूसरों के लिए हो सद्भावना
और
प्यार की खुशबू से
महक उठे
ये पूरी दुनिया...

काश!
ये सच हो जाए
क्योंकि
ईश्वर ने ही रची है दुनिया
सभी जीवों को
उसी ने दिया है जीवन
और
उसी ने जीवन को
बनाया है
क्षणभंगुर...!!!

❐

जीवन की एकरसता

प्रकृति ने
अपनी एकरसता से
संवारा है संपूर्ण सृष्टि को
जैसे सूर्य
प्रतिदिन उदित हो
हर मन में
करता है नव आशा का संचार
जैसे चांद
हर रात अपनी शुभ्र ज्योत्स्ना से
द्विगुणित करता है
वसुंधरा की सुंदरता को
जैसे शीतल वायु
देती है नव ऊर्जा,नव उत्साह
हर पल निशि दिन
जैसे सागर की लहरों के
तट के संग
अनवरत खेल से
मिलती है अनंत जीवंतता
और नदी का
निर्मल, स्वच्छ, पावन जल
देता है स्फूर्ति से
पूरित जीवन...

मैं भी
बहुत संतुष्ट हूं
अपने जीवन की
एकरसता में, प्रतिदिन की
दिनचर्या में
मुझे बहुत भाता है
हर काम को समय से और
सुरुचिपूर्ण ढंग से
करना...

लेकिन
कभी कभी
मुझे अच्छा लगता है
लीक से हटकर भी चलना
कहीं किसी
अनजानी सी जगह जाकर
प्रकृति के
अप्रतिम सौंदर्य का
भरपूर आत्मिक आनंद लेना...

पर केवल
सीमित समय के लिए ही
क्योंकि
जीवन की एकरसता में है
एक मीठी सी अनुभूति
जिसमें घुला है
सभी अपनों का प्यार
और अपने घर का सुकून...

इस तरह

मैं पाती हूं कि
एकरसता में घुली है
बहुलता
और बहुलता में घुली है
एकरसता...!!! ❐

अनकही प्रीति

ये रजनीगंधा के
मनमोहक सुगंधित फूल
जो तुम
बाहर जाते समय
छोड़ गए थे
चुपके से
घर की देहरी पर
वो हमारे प्यारे से घर को
अभी भी महका रहे हैं
अपनी भीनी भीनी खुशबू से
जिसमें रचा पचा है
तुम्हारे अनूठे प्यार का
स्नेहिल प्यारा सा एहसास,
एक अनकही, मीठी सी
अनुभूति...

ये फूल
बिन बोले ही
बिखेर रहे हैं तुम्हारी प्रीति की
खुशबू
मेरे अंतर्मन में,

उनकी शुभ्र ज्योत्स्ना सी
आभा से
हो गया है हमारा अपना घर
मंदिर सा पावन...

प्रिय !
अब जल्दी से आ जाओ तुम
प्रीति की कोमल डोर
लिए संग
नैन बिछाए बैठी हूं मैं
प्रतीक्षारत...!!!

❐

मन के बीज

मैं चाहती हूं
बीती बातों को भूल जाना
जिन वाक् बाणों से
दिल हो गया है छलनी,
उनको पूरी तरह से
विस्मृत कर देना,
उन घावों को बिसरा देना
जो एक लंबे समय से
मुझे चुभ रहे हैं
नश्तर से...

मैं चाहती हूं
हृदय को तार तार कर देने वाले
कष्टप्रद अनुभवों को
भूलकर
मन की माटी में
खुशियों के बीज रोपना
उनके नव अंकुर को मन आंगन में
लहराते देखना
बिखरे रिश्तों के तिनके
पूरे मन से ढूंढना
फिर उन तिनकों को

जोड़ जोड़ कर
नीड़ का नव निर्माण करना...

मैं चाहती हूं
द्वेष,जलन,ईर्ष्या के भावों को
चूर चूर कर, उस चूरे को
नेह नदी में बहा देना
कुछ अमलतास, कुछ रजनीगंधा के
फूलों की भीनी सुगंध से
अपने मन मंदिर को सजाना
दूसरों के जीवन से
दुःख के गहन तिमिर को
हर्षोल्लास के दीपक से दूर कर
उनके जीवन में
सुख की अखंड ज्योति जलाना...!!!

❐

पापा: मेरा संबल

पापा,
आज तुम तो नहीं हो
मेरे पास,मेरे साथ,मेरे सर पर
अपना स्नेहिल हाथ रखने के लिए
पर तुमने जो दी थी मुझे
हिम्मत, उम्मीद,आस
वहीं है मेरी ताकत
उसी ताकत के सहारे
मैं जीती हूं अपनी ज़िन्दगी...

पापा
तुममें जो था अभिमान
और स्वाभिमान
सच्चाई और ज़मीर
वही मेरा संबल है
उसी संबल के सहारे
मैं जीती हूं अपनी ज़िन्दगी...

पापा
जैसे मैंने तुम्हें देखा था
हर परिस्थिति में धैर्य रखना
अपने मनोबल को कम न होने देना
उसी धैर्य और मनोबल के सहारे
मैं जीती हूं अपनी ज़िन्दगी...

पापा
जो कर्मठता थी तुममें
तुम जो सबको हक़ दिलाते थे
बराबरी का,
उसी तरह कर्मठ बनकर,
सबको समान अधिकार दिलाने की
कोशिश कर
मैं जीती हूं अपनी ज़िन्दगी...

पापा
तुम ही हो मेरे आदर्श
तुम्हीं से सीखे हैं मैंने जीवन के
सारे नैतिक मूल्य
तुमसे ही सीखा है मैंने
दूसरों के हित के लिए जीना...!!!

❒

स्नेह की नींव

"देख लिया मैंने जग सारा।
अपना घर है सबसे प्यारा॥"

मेरा घर
जिसकी सुदृढ़ नींव है
मेरा प्यार से सुरभित परिवार
जहां होता है सबका
यथोचित आदर सम्मान
जिसमें नहीं है
अहंकार और घमंड की गूंज
ये बना है
प्रत्येक सदस्य के
त्याग, समर्पण और सेवा भाव से...

मेरा घर
जिसमें हैं प्यार की ईंटों से
सज्जित दीवारें
प्रीति की चाभी से ही
खुलते हैं जिसके निश्छल प्रेम से
निर्मित द्वार
स्नेह अर्चन से सजता है निशि दिन
जिसका प्रांगण...

मेरा घर
जहां खिलती हैं कलियां प्यार की
किलकारियों की बजती हैं
मधुरिम घंटियां
प्यार का बंटता है प्रसाद
बड़े बुज़ुर्ग प्रफुल्लित हो बरसाते हैं
आशीर्वाद के फूल...

मेरा घर
खिला है सबके
सहयोग से, विश्वास से
तभी लगता है
हंसता, चहकता और सुंदर
जहां गूंजते हैं
खुशियों भरे ठहाके
जो है अपनों के स्नेह से सिंचित
एक प्यारा सा एहसास
जिसमें रची पची हैं
बड़ों की आशीषें...

मेरी बस यही
प्रार्थना है परमेश्वर से
मेरा घर आंगन बसा रहे
खुशियों के फूल
हरसिंगार से झरते रहें और
उनकी सुगंध से
मेरा घर सदा महकता रहे...!!!

❑

सर्वव्यापक साक्षी

ईश्वर देख रहा है
हम सबको
वह जानता है सबके
जीवन का रहस्य
जहां भी हम जाएंगे,
बच नहीं पाएंगे उनकी दृष्टि से
क्योंकि वह व्याप्त है कण कण में...

ईश्वर देख रहा है
कि हम यदि करते हैं
कोई अनुचित कार्य
करते हैं कोई पाप
बोलते हैं झूठ
देते हैं धोखा
तो जिस दिन उठेगा
झूठ का पर्दा
वो देगा हमें बुरे कर्मों का फल...

ईश्वर देख रहा है
हमारे छिपे हुए कारनामे
यदि हम सोचेंगे कि
कोई हमें देख रहा है
तो बचेंगे अनुचित कार्य करने से

चलेंगे सच्चाई के रास्ते पर
बच्चों को भी दिखाएंगे
सत्य के पथ पर चलने की दिशा...

ईश्वर देख रहा है
हमें हर पल, हर क्षण
उसका वास है सब जगह
प्रत्यक्ष या अप्रत्यक्ष
इसलिए बचें बुरे कर्म करने से,
समझें, पहचानें और
अनदेखा न करें
उसकी निराकार उपस्थिति को...

ईश्वर देख रहा है
यह भूल जाते हैं बुरा कर्म करने वाले
जब याद आता है
तो हो जाती है बहुत देर
और जब लाठी पड़ती है ईश्वर की
तब अक्ल आ जाती है ठिकाने...

ईश्वर सब कुछ देख रहा है
सब लिखा है उसके बहीखाते में
इसीलिए उसने गीता में कहा है कि
अच्छे कर्म करो,
मत करो फल की चिंता
वह तो तुम्हें मिल ही जाएगा
ईश्वर से...!!!

❐

बिस्तर के नीचे का राक्षस

ओ आलस के राक्षस!
तू क्यों समाया है मुझमें
अपने संगी साथी
नींद, क्रोध और भय के संग?
तू क्यों ज़हर घोल रहा है
मेरी प्रतिदिन की सीधी सच्ची जिंदगी में?

जिधर भी देखती हूं,
तुझे ही पाती हूं,
दाएं, बाएं, ऊपर, नीचे,
क्यों जकड़ा है तूने मुझे अपने पाश में?
क्यों चलाया है तूने अपना जादू?
क्यों हावी हो गया है तू मुझ पर?
क्यों तुला है तू
अपने साथियों संग,
मेरे सुखद पलों को
बर्बाद करने पर?

हट, तू दूर हट जा परे,
मेरा तुझसे नहीं है कोई वास्ता,
मैं हूं कर्मपथ की राही
भरी अनंत ऊर्जा, उत्साह से,
उन्नत जीवन की डगर पर चल,

जीनी है मुझे अपने सपनों की जिंदगी,
पाना है अपने लक्ष्य को,
और छूना है
सफलता के आकाश की
ऊंचाइयों को...!!!

❒

टूटन से सृजन

मैं निःशब्द हूं यह देखकर कि
ईश्वर कितनी खूबसूरती से करता है
टूटी चीजों का उपयोग...

जैसे
जीवनदायिनी वर्षा के लिए
टूटे बादलों का
लहलहाती फसलों के लिए
टूटी हुई मिट्टी का
सबको रोटी देने के लिए
टूटे अनाज का
तन की शक्ति के लिए
टूटी रोटी का
और महान कार्यों के लिए
टूटे, हार मान बैठे
इंसानों का...

हम सब भी
टूटे हुए हैं कहीं न कहीं
कभी किसी के वाक् बाणों से
आहत
कभी किसी के अभद्र व्यवहार से

त्रस्त
कभी किसी की अशिष्टता से
दुखी
और कभी अपनों की
बेरुखी से...

पर जो हमारे
बहुत ही अपने हैं
यदि वे कभी रूठ जाएं
तो हम मना लें उन्हें
करके प्यारी सी मनुहार
क्योंकि
सच्चे रिश्तों के अपनेपन से
अधिक कीमती
कोई दौलत नहीं
ये प्यार, ये अपनापन
अनमोल है
और दुर्लभ भी
जो हर किसी के
नसीब में नहीं है...

इसलिए
हम समझें इसकी कीमत,
मीठे बोलों का लगाएं मरहम
जिससे हमारे जीवन में
इस सच्चे प्यार और अपनेपन की
स्नेहधारा
सदा बहती रहे...!!!

❒

जीवन का मसाला

विविधता ही है जीवन का मसाला
जो कुछ तीखे, कुछ चटपटे अनुभवों से
बढ़ाती है
जीवन रूपी खाने का स्वाद...

जैसे एक चुटकी भर हल्दी
सबको रंग देती है अपने रंग में
वैसे ही हम प्यार और सौहार्द से
सबको रंग दें अपने रंग मे,
श्वेत रंग के नमक से सीखा हमने
सरलता और सादगी
और उसकी नपी तुली मात्रा की
उपयोगिता,
हरे धनिए ने सिखाई हर स्थिति में
प्रसन्न रहने की कला,
चीनी ने घोली हर संघर्षमय जीवन में
मिठास...

जैसे खाना है अधूरा
मसालों के बिना
वैसे ही

जीवन है अधूरा
चटपटे एहसासों के बिना,
खट्टे अमचूर, मीठे गुड़ और तीखी मिर्च
जैसे अनुभवों से ही तो
हम सीखते हैं,
हर परिस्थिति में
खुश रहना...

इन अनुभवों और एहसासों का
होना भी अति आवश्यक है
जिंदगी के लिए
वरना फीकी हो जाएगी ये,
न जिंदगी की दाल में नमक होगा
न मिर्ची,हो जाएगी ये
बेस्वाद, इसलिए
जरूरत है इसमें हर तरह के
मसालों का तड़का...

तो चलो, हम
केसर की सुगंध से अपने रिश्तों को
महकाएं,
लौंग,इलायची और दालचीनी जैसे
अनूठे मसालों की
खूबियों से
अपने जीवन को संवारें...

ये मसाले
सिखाते हैं हमें
साथ साथ रहना,
एक दूसरे से प्यार करना
और
कभी कुछ कड़वाहट आ जाए
संबंधों में
तो एक दूसरे से मिलकर
उन्हें संभालना...!!! ❒

नव प्रभा नव संकल्प

जब मैं जागती हूं,
देखती हूं एक नई भोर का
नवोदित सूरज,
जो हर दिन स्वयं
ताप सहकर
जग के कोने कोने को कर देता है
प्रकाशमय
सम्पूर्ण धरा को कर देता है
आभामंडित,
देता है सबको एक नई ऊर्जा,
एक नई प्रेरणा,
बिखेरता है एक नया संगीत
हर मन में
भरता है एक नया उत्साह,
नई आशाएं...

तो
सोचती हूं कि
क्यों न मैं भी हर नई सुबह
सूर्य से प्रेरणा ले
उनका पथ प्रकाशित करूं

जो दिखें राह में भटके
उनके चेहरों पर मुस्कान सजा दूं
जो हैं निराशा में डूबे
उन रिश्तों की डोर थाम लूं
जो हो गए हैं कमज़ोर
सबके जीवन में भर दूं
झरनों का मधुरिम संगीत...
और
दिनकर सदृश बनकर
आलोकित करूं
जग को
अपने सत्कार्यों से...!!!

❒

संवाद कुछ कहे कुछ अनकहे

मेरे कमरे में
मेरा सबसे ज्यादा पसंदीदा
फर्नीचर है
मेरी छोटी सी अलमारी
जिसमें हैं मेरी रुचिकर पुस्तकें,
जिनमें मेरी जान बसती है
इन्हें मैंने सजाया है
बड़े प्यार से...

ये पुस्तकें ही मेरी सच्ची मित्र हैं
और संगी साथी भी
ये ही हैं मेरी प्रेरणास्रोत
जब कभी
मैं उदास होती हूं
या निराशा मुझे अपने पाश में
जकड़ने लगती है
तो
ये पुस्तकें ही,
माता पिता तथा गुरु के समान
मेरे मन में
करती हैं एक नव आशा का

संचार
भर देती हैं मुझमें
एक नई ऊर्जा
खोलती हैं मेरे लिए
अनुभव और ज्ञान संसार के
द्वार...

ये पुस्तकें
मुझसे बातें करती हैं
और धीरे से मेरे कानों में
कहती हैं कि
जीवन की डगर है बहुत कठिन
ये है कंकरीली पथरीली
सोच समझ कर कदम बढ़ाओ
बना दो हर पल को जीवंत
और
अपने अथक प्रयासों से
मनचाहे लक्ष्य को पाकर छू लो
सफलता का आसमान...!!!

❐

सपनों को थामे रहो

सपने देखो गगन से ऊंचे
पर मत छोड़ो धरा की पकड़,
चाहे जितनी बार मात हो
सपनों को थामे रहो...

कांटों भरी राह हो लेकिन
आगे ही बढ़ते जाओ
कुछ सपने गर बिखर भी जाएं
सपनों को थामे रहो...

आएं कितनी भी बाधाएं
करो सामना हिम्मत से तुम
चाहे उम्मीदें ढह जाएं
सपनों को थामे रहो...

घबराओ मत असफलता से
अपने कर्म से प्यार करो,
लीक से हट इतिहास पलट दो
सपनों को थामे रहो...

नई तरंगें, नई उमंगे,
नई ऊर्जा, नव आशाएं,
नव उजास ले अंतर्मन में
सपनों को थामे रहो...

अर्जुन की सी एकाग्रता और
ध्रुव की सी दृढ़ता लेकर,
जबतक हासिल ना हो मंजिल
सपनों को थामे रहो...!!!

❐

नेह की भाषा

आज प्रशंसा
अपना अर्थ खो चुकी है
और
उसका स्थान ले लिया है
ईर्ष्या ने, जलन ने, कुढ़न ने...
आज
कोई भी, किसी और की
उन्नति देखकर
खुश नहीं हो पाता,
किसी की उपलब्धि देखकर
उसकी प्रशंसा नहीं कर पाता,
बल्कि
उसके मन में उपजती है
उसके प्रति ईर्ष्या, जलन, कुढ़न...

जबकि
हर किसी को
उम्र के हर पड़ाव पर
जरूरत है
एक स्नेहिल स्पर्श की
दो मीठे बोलों की,
ये वो मोती हैं दिल के समंदर के,
जिनसे होती है
एक सच्चे, निश्छल, विनम्र व्यक्ति की
पहचान...

अतः
सच्ची प्रशंसा के
दो मीठे बोलों के लिए
न करना प्रतीक्षा,
यदि किसी का कुछ किया
दिल को छू जाए
तो उसे लगाना गले,
जड़ें कितनी भी गहरी हों
रिश्तों के सीने में,
पनपते रहने की खातिर
वक्त बेवक्त करना
इजहार की बौछार...

क्योंकि
नहीं है भरोसा समय का
कब छूट जाए किसी का साथ
न जाने कब
रूठ जाए कोई अपना,
चला जाए कोई दिल या दुनिया
छोड़कर...

उससे पहले उस तक
पहुंचाना अपने दिल की बात
बोल देना उससे
दो अमृत से मीठे बोल
अपनेपन के, सच्चे स्नेह से भरे
जो हैं
मधुरिम गीतों की भाषा से
और नेह पगी परिभाषा से...!!!

❐

रात्रि कोलाहल से दूर

दिन के कोलाहल से दूर
जब रात लगी गहराने
मेरी लेखनी मचल उठी
मन में उमड़ती घुमड़ती
भावनाओं को
मूर्त रूप देने के लिए...

उफनते सिंधु से जीवन में
उतरती चढ़ती लहरों सी
अभीप्साओं को कविता में
उकेरने के लिए...

रात ने तन्मयता से
निः स्तब्ध ख़ामोशी में
जो प्यार के मोती बिखेरे हैं
वसुंधरा पर,उन्हें भावों में
पिरोने के लिए...

रात्रि की नीरवता में
नदियों की कल कल ध्वनि,
वैदिक मंत्रों के नाद को,
अपने अंतर में
समाहित करने के लिए...

रातरानी के फूलों की भीनी सी सुगंध,
सतरंगी पुष्प लताओं पर
रजत रश्मियों का मनहर श्रृंगार,
चांदनी रात की प्यारी सी शांति की
अप्रतिम अनुभूति को
सम्पूर्ण विश्व में
प्रसारित करने के लिए...!!!

❐

मेरी सबसे बड़ी खुशी

मेरी छोटी छोटी खुशियों में ही
समाई है मेरी सबसे बड़ी खुशी...

जैसे
मेरा सुखी परिवार
मेरी हंसती मुस्कुराती बेटियां,
मेरे सुख दुख में मेरा हर पल
साथ देने वाला जीवनसाथी,
मधुरता से परिपूर्ण सुहाने रिश्ते,
बच्चों की निश्छल किलकारियां...

जैसे
पक्षियों का सुमधुर कलरव,
झरनों का मधुरिम संगीत,
वृक्षों से आने वाली शीतल मंद बयार,
नदियों का कल कल करता
अविरल बहता अमृत जल,
समुद्र के तट से अनवरत
अठखेलियां करतीं उत्ताल लहरें,
खिलखिलाते सुगंधित पुष्प...

जैसे
सम्पूर्ण विश्व में शांति की,
हर एक प्राणी की
कुशल क्षेम की कामना
निस्वार्थ सेवा करना
सबमें खुशियां बांटना...

वास्तव में,
सबसे बड़ी और सच्ची खुशी है
भाग दौड़ की इस ज़िंदगी में
दूसरों को खुशियां बांटना...!!!

❐

स्नेह-दीप्ति

क्षणिक आवेश में
क्या से क्या हो जाता है,
शांत, मधुर, सुखदायक वाणी
बन जाती है
कटु, अशोभनीय,असहनीय,
देती है कभी न भरने वाली अथाह वेदना
पल भर में
अपने हो जाते हैं पराए,
बिखर जाते हैं
सारे प्यार भरे रिश्ते
विलग हो जाते हैं
स्नेह पगे हृदय…

तो,
आओ लगा दें आग
अंदर सुलगते आवेश को,
जला के राख कर दें
ईर्ष्या के
हर समावेश को,
सुलगते अंगारों पर रख दें
बेवजह

उपजे हर द्वेष को,
दहन कर दें
अंतर्मन से हर दुर्वचन के
प्रवेश को,
बुझा दें हृदय में धधकते
क्रोध को
भस्म कर दें मस्तिष्क में जन्मे
संपूर्ण आक्रोश को...

फिर,
ले आएं वह पवित्र अग्नि
जो
अपनी ज्योति से
प्रज्ज्वलित कर दे, स्नेह के,
बुझते अवशेष को
और
दीपित कर दे
निश्छल प्रेम का उजियारा
दसों दिशाओं में!!!

❐

चाय और चहचहाहट

सुबह का उगता हुआ सूरज
धरती पर मोती सी चमकती ओस की बूंदें
ठंडी ठंडी मनभावन बयार
चिड़ियों की मधुर गीतों सी चहचहाहट
सुगंधित फूलों की खुशबू
यही समय है
जब मुझे
अदरक, इलायची की महक ओढ़े,
एक प्याली गर्मागर्म चाय के साथ मिलता है
इन सबका भरपूर आनंद
इन्हीं पलों में
मेरी लेखनी मचल उठती है
मन की अनगिनत अनुभूतियों को
शब्दों की लड़ियों में पिरोने की
हर नई सुबह लेकर आती है
एक नव आशा, नव ऊर्जा, नव उत्साह
और एक कप चाय के साथ
मन की सारी उलझनों को दूर कर
जिंदगी जीने का नया अंदाज़
सिखाती है!!!

❑

उम्मीदों के पंख

मेरे मन की आस का पंछी,
देखे मधुरिम स्वप्न सुनहरे।
सूर्य की अरुण रश्मियों के संग,
काश, वो सच हो जाएं सवेरे।

मेरे मन की आस का पंछी,
उड़ जाए उन्मुक्त गगन में।
चाहे, जग में प्रेम वृष्टि हो,
सद्भावना हो सबके मन में।

मेरे मन की आस का पंछी,
शांतिदूत बन फिरे विश्व में।
फैलाए संदेश अमन का,
प्रीति बसे हर जन के मन में।

मेरे मन की आस का पंछी,
करे विनय प्रतिपल ईश्वर से।
बहे स्नेह की गंगा अविरल,
वसुंधरा पर आनंद सरसे!!!

❐

अंतर्मन का द्वंद्व

अपने अंतर्मन के द्वंद्व को,
जाकर किसे दिखाऊं?
हृदय मेरा पढ़ पाए जो,
उसको मैं द्वंद्व बताऊं।

जो समझे मन की आकुलता,
उससे लगन लगाऊं।
"मत घबराना साथ हूं तेरे"
यह सुनकर मुस्काऊं।

जिसे देखते ही नयनों में,
चमक बढ़े आनन की।
ढूंढ़ रही हूं ऐसा हृदय जो,
दुविधा समझे मन की।

जो सारथी, सहायक बन,
समझे मन बेरंग।
दे स्नेहिल स्पर्श वो तो,
मन में छाए उमंग।

करती हूं ये विनय ईश से,
ऐसा कोई मिल जाए।
ऐसा हो मनमीत, सामने
जिसके मन खुल जाए!!! ❐

एक पाती तुम्हारे नाम की

ओ मीत मेरे!
नीरव तिमिर में
भाव विह्वल हो, जाग रही हूं,
मैं एकाकी
हां, निद्रा की तंद्रा में
डूब गई है
दुनिया सारी...

सुनो गीत मेरे,
बहुत कुछ है कहना सुनना
जलाकर
नेह का अलाव,
बुनना एक बार फिर
अतीत की मधुरिम स्मृतियों के
रेशमी धागे,
आतुर है मुखरित होने को
चिर मौन,
लो, दे रहा है चांद
निशा निमंत्रण,
आओ ना, बैठें साथ साथ,
थामे हाथ एक दूजे का...

मनमीत मेरे,
भीग जाओगे तुम भी,
संवेदना के अथाह सागर में,
कैसे कटे ये दिन, ये रातें,
बरसते नयन, लरजते अधर,
कर पाएंगे कैसे भला
सुख दुख का अनुवाद,
कि सूना मन मंदिर रहा था
तुम्हारी अंतरंग स्मृतियों से आबाद...

संगीत मेरे,
मैं न कर पाऊंगी,
विगत दिनों के खाते से
खोने पाने का हिसाब,
आज तो बस
धड़कते हृदय में है,
तुमसे मिलने की मधुर आस,
दमक रहे हैं हम तुम
और नभ में रत्नजड़ित तारे भी,
आहिस्ता आहिस्ता निःशब्द होने लगी है
गहराती निशा और मैं भी,
सुनाई दे रही है मद्धिम सुर में मीठी सी
कोई धुन,
समाती जा रही हूं मैं तुममें,
होने लगा है सृजन अनकहे तराने का,
गूंज रहे हैं मौन स्वर
तुम्हारे और मेरे,
देह और आत्म के भेदों से परे...!!! ❑

आत्म संतुष्टि

मैं खुश हूं और संतुष्ट भी,
यूं तो जीवन में बहुत सी कठिनाइयां,
बहुत से गम हैं,
पर जब गौर से देखती हूं तो पाती हूं कि
खुशियां भी कहां कम हैं?

ऐसा नहीं कि होता नहीं अवसाद या तनाव कभी,
फिर भी डाल ली है मैंने आदत
हर घड़ी, हर पल मुस्कराने की, खुश रहने की,
इसीलिए मेरी परेशानी, मेरी चिंता,
किसी को भी दिखती नहीं।
मुझे अटूट विश्वास है कि मेरे ईश्वर, मेरे प्रभु,
हर पल, हर क्षण साथ हैं मेरे,
फिर मेरी चिंता, मेरी परेशानी की,
औकात ही क्या है?

कभी कभी जब छलक भी जाते हैं,
इन आंखों से अश्रु,
तो अपनी मुस्कराहटों से बांध लेती हूं उन्हें,
कुछ और लोगों को हंसा देती हूं,
कुछ बिखरी, निराशा में डूबी,
जिंदगियों में उम्मीदें जगा देती हूं।
ये मेरी मुस्कराहटें, ये मेरी खुशियां,
दुआएं हैं उन सबकी,
जिन्हें मैंने तब बांटा, जब मेरे पास भी
उनकी कमी थी। ❑

आत्मा का श्रृंगार

सजते हैं सभी काया के लिए,
हम आत्मा का श्रृंगार करें।
मात पिता को नित प्रणाम कर,
नवल दिवस प्रारंभ करें।

नफ़रत हटा के सबके हृदय
में, प्रेम बीज रोपित करें।
भजन, प्रार्थना, भक्त की आत्मा,
उनके भाव को नमन करें।

आओ, मिलकर जाति, धर्म,
ईर्ष्या की दीवारें तोड़ दें।
नेह प्रेम और आदर मान की
कड़ियों को हम जोड़ लें।

आत्मा तो है अजर अमर फिर
क्यों हम काया का मोह करें।
शिव ही जन्म, शिव ही है मरण,
उसकी लीला का वरण करें!!!

❐

अनजानी राह, अनजानी डगर

अनजानी राह, अनजानी डगर
जीवन का सफर, अनजाना सफर
चलते हैं सभी, रस्ते हैं कठिन,
दुख सुख की राह, चलना है मगर

जीवन की राह है नदिया सी,
आगे ही आगे बढ़ती है
कभी राह में आते हैं पत्थर
कभी सुख की तरंगिनी बहती है

घबराएं न हम दुख के तम से
पाएं सुख के सूरज की ज्योति
करें निरंतर अथक परिश्रम
पाएं स्नेह, प्रेम और प्रीति!!!

❒

बुद्धत्व

अतृप्ति को तृप्ति में परिवर्तित
करना ही तो बुद्धत्व है।
मोह को विराग में बदल लेना
ही तो बुद्धत्व है।
मिलन बिछोह से परे एकात्म हो
लेना ही तो बुद्धत्व है।
अपनी आकुलता को संतोष बना
लेना ही तो बुद्धत्व है।
घृणा, प्रेम, सुख, दुख में निर्विकार
होना ही तो बुद्धत्व है।
अपने एकांत को उत्सव बना
लेना ही तो बुद्धत्व है।
तो चलो,
हम सब भी महात्मा बुद्ध की
शरण में चलें और उनके उपदेशों
का अनुसरण कर बुद्धत्व को प्राप्त करें।
ॐ शांति ॐ

❐

संग तुम्हारे

जब बिना कहे ही मेरे मन के
जज्बातों को समझ गए तुम
बात ये दिल को छू गई...

दिखावे के माहौल में मुझेअसहज
देख चुपके से सहज बना गए तुम
बात ये दिल को छू गई...

जब घोर निराशा में डूबी हुई थी
मैं,मृदुआस की डोर बन गए तुम
बात ये दिल को छू गई...

मां पापा की याद में मुझे उदास
देख, प्रीति स्नेह बरसा गए तुम
बात ये दिल को छू गई...

❒

समर्पण

हम जब मिले तो अनजाने थे,
अब संग मिलकर चलते हैं।
सुख दुःख के साथी हैं दोनों,
कभी गिरते,कभी संभलते हैं।

जीवन के हर एक पड़ाव पर,
इक दूजे का साथ है देना।
नीले अनंत अम्बर के नीचे,
मृदु सपनों को हमें है बुनना।

हमारा प्यारा रिश्ता ही है,
अभिमान मेरा,मेरी सौगात।
तुम ही हमसफर हो मेरे,
तुम ही हो हर मोड़ पे साथ।

तुमसे कहना है, तुम ही हो,
मेरे जीवन की अंतिम डोर।
तुमसे ही है प्रेम का रिश्ता,
तुम्हीं हो मेरी सुहानी भोर।

मेरे जीवन की पूजा तुम,
तुम्हीं से है संगीत बहार।
तुम ही हो अनमोल खज़ाना,
तुम्हीं से है मेरा संसार।

वादा है मेरा तुमसे यह,
तुम्हारा साथ न छोडूंगी।
छोटी छोटी बातों पर अब,
कभी न रूठूंगी, टूटूंगी।

स्नेह, प्रेम के धागे से हम,
प्रीति का बंधन सजाएंगे।
खुशियों से साथ में जीकर के,
प्यारे रिश्ते को निभाएंगे!!!

❒

मौन दस्तक

ये रजनीगंधा के
मनमोहक सुगंधित फूल
जो तुम
बाहर जाते समय
छोड़ गए थे
चुपके से
घर की देहरी पर
वो हमारे प्यारे से घर को
अभी भी महका रहे हैं
अपनी भीनी भीनी खुशबू से
जिसमें रचा पचा है
तुम्हारे अनूठे प्यार का
स्नेहिल प्यारा सा एहसास,
एक अनकही, मीठी सी
अनुभूति...

ये फूल
बिन बोले ही
बिखेर रहे हैं तुम्हारी प्रीति की
खुशबू
मेरे अंतर्मन में,

उनकी शुभ्र ज्योत्सना सी
आभा से
हो गया है हमारा अपना घर
मंदिर सा पावन...

प्रिय !
अब जल्दी से आ जाओ तुम
प्रीति की कोमल डोर
लिए संग
नैन बिछाए बैठी हूं मैं
प्रतीक्षारत!!!

❐

छलावरण की छाया

नकाबपोशों की ये दुनिया,
तन के उजले मन के काले।
मन में कलुष और मीठी वाणी,
सोच है ज्यों मकड़ी के जाले।

कैसे जानें, कैसे समझें?
कौन है सच्चा, कौन है झूठा।
झूठ फरेब का जाल बिछा है,
अपनों को अपनों ने लूटा।

आज की झूठी चमक दमक में,
हर इंसान का मन भरमाया।
क्या है ज़रूरी, क्या है व्यर्थ यह,
जन साधारण समझ न पाया।

इन नकाबपोशों से दूर रह,
सत्य की राह को हम अपनाएं।
कोई फंसे न इनके जाल में,
युक्ति से सबको ये समझाएं!!!

❐

मोह के धागे

हर रिश्ते में जुड़े हुए हैं,
मोह के सुरभित धागे।
इस धागे में जुड़कर तो,
सारा जग अपना लागे।

सुगंध, सुरभि, खुशबू के,
प्रतिमान से हैं ये सज्जित।
रेशम से कोमल ये धागे,
करते हैं स्नेह से विगलित।

एक मोह का धागा है,
मां की ममता से पूरित।
एक मोह का धागा है,
पिता के प्यार से सुरभित।

एक मोह का धागा है
भगिनी का रक्षा सूत्र।
एक मोह का धागा है
सुहागन का मंगल सूत्र।

एक मोह का धागा है
जो मित्रता को निभाता।
एक मोह का धागा है
वीरों की कलाई सजाता।

एक मोह का धागा है,
जीवन साथी संग जुड़ता।
ये है ऐसा प्यारा बंधन
जिससे अंतस है संवरता।

इन मोह के धागों में
कोई गांठ कभी ना आए।
सुलझे हर उलझन और
ये मोह कम न हो पाए...!!!

❐

लेखिका के द्वितीय काव्य संग्रह "अभिव्यक्ति" पर प्रबुद्ध पाठकों की प्रतिक्रियाएं

1

अभिव्यक्ति– यानि विचार, चिंतन, भावनाओं, अभिलाषाओं और आशाओं का प्रवाह। आदरणीया स्मृति जी की दूसरी पुस्तक "अभिव्यक्ति" पढ़ने को मिली। यह पुस्तक, उनकी कविताओं का एकल संग्रह है। जिस तरह तमाम उपनदियां अपने अपने प्रवाह को मिलाती हुई गंगा का रूप ले लेती हैं, उसी तरह स्मृति जी ने अपने विभिन्न भावनाओं को मिलाकर "अभिव्यक्ति" रूप दिया है।

स्मृति जी एक शिक्षिका रही हैं। बच्चों के साथ उनका मेलजोल उनके जीवन की दिनचर्या का अंग रहा है। अतः उनकी अभिव्यक्ति में बच्चों की सरलता, कोमलता और निश्छलता अपने आप आ जाती है। अपने आत्मकथ्य में उन्होंने बच्चों को जीवन दर्शन देने की बात कही है। यही जीवन दर्शन स्वस्थ, सुंदर और मानवीय कर्मों की तरफ अग्रसित करता है। जीवन दर्शन के इन्हीं पन्नों को स्मृति जी ने अपने काव्य संग्रह में उतारा है और कई विषयों में अंकित किया है।

आस्था के स्वर, गणपति वंदना से आरंभ होकर पापा और माँ के देवतुल्य रूप में विराम लेते हैं और फिर प्राकृतिक धरोहर पर लिखी कविताएं प्राकृतिक सौन्दर्य को संभाल कर रखने के लिए प्रेरित करती

हैं। "प्रकृति रक्षति रक्षतः" और "जल है तो कल है", के द्वारा कवयित्री का संदेश न सिर्फ बच्चों के लिए बल्कि समाज के प्रति व्यक्ति के लिए ध्यान देने योग्य है। देश भक्ति, प्रेरणा के स्वर, विषय के अंतर्गत देश के कई शूरवीरों की गाथाएं और राजस्थान की शौर्य कथाओं की चर्चा, भारत के वीर योद्धाओं को समर्पित है। यहाँ पर भाषा का प्रवाह भी वीर रस, रौद्र रस तथा क्रुद्ध रस के लालित्य में दोलित करता है- "ऊर्जित थीं शिराएं शौर्यपूर्ण/आदित्य सी आभा थी दीपित। उर में विप्लव, जय अभिरंजित/युवराज चौहान हुए सज्जित.."

बाहरी अनुभूतियाँ अभिव्यक्ति का शरीर दिखाती हैं तो अंतरंग अनुभूतियाँ, मन की संवेदनाएं। स्मृति जी के मन के पन्ने "अंतरंग अनुभूतियाँ" में उतरे हैं– पुरानी चिट्ठी, मैं और मेरी परछाईं, रिश्ते, ज़िंदगी: एक तस्वीर जैसी कविताएं संवेदनशील मन के स्नेह भरे शब्द हैं– चिट्ठी का हर भाव मनोहर/भीग गया अंतरतम... चिट्ठी में संदेश छिपाए/ मन में छिपाए हम तुम", बहुत सुंदर कोमल और मनोहर शब्दों से पिरोई ये कविताएं मन को छूती हुई चलती हैं।

बहुरंग शीर्षक के अंतर्गत स्मृति जी ने कई विषय उठाए हैं जिसमें तस्वीरों की तस्वीर, बाल श्रमिक को मुक्त कर के उन्हें शिक्षा का अवसर प्रदान करने की बात भी रखी है। सुबह की चाय और प्यार की ताजगी जैसे फुरसत के पल ज़िंदगी में अनमोल होते हैं। "चरवाहा और परी" की कहानी भी उन्होंने काव्य के माध्यम से पेश करके एक नया मोड़ दिया है।

एक शिक्षिका और माँ के रूप में बच्चों के प्रति निर्मल स्नेह तथा उनके मन में आने वाली पीढ़ी को सही दिशा दिखाने की कोशिश करीब करीब प्रत्येक कविता में मिलती है। फिर भी, बाल कविताएं शीर्षक के अंतर्गत, सूर्य, चंद्र, तितली, फूल, किसान, मछली, सैनिक आदि कविताओं को उन्होंने बच्चों की भाषा में लिखकर मधुर, मृदुल और कोमल भावों से बचपन को छुआ है।

भाषा, भाव, बिम्ब तथा प्रतीक के साथ, रसों का प्रयोग उनकी कविताओं में निखरता है। सकारात्मक ऊर्जा से भरी "अभिव्यक्ति", प्रेरणा का स्रोत है और पाठक को आनंद देती हैं।

प्रत्येक विषय के पहले, एक सुंदर चित्रांकन, विषय की कविताओं को मनोहर बना देता है.. और हाँ, जब बहुत बारीकी से देखा तो उनके हस्ताक्षर से पता चला कि ये चित्र स्मृति जी के ही बनाए हुए हैं। चित्रकला और साहित्य कला का अद्भुत संगम है "अभिव्यक्ति" जिसकी चित्रदीर्घा में कविता का आनंद है।

स्मृति जी को उनकी इस कृति के लिए बहुत बहुत बधाई एवं भविष्य के लिए बहुत बहुत शुभकामनाएं।

प्राणेन्द्र नाथ मिश्र

शीर्ष साहित्यकार

'कृष्ण: महाभारत के बाद' जैसी कालजयी पुस्तकों के रचनाकार

2

श्रीमती स्मृति श्रीवास्तव द्वारा लिखी पुस्तक "अभिव्यक्ति" उनकी विभिन्न पहलुओं पर लिखी हुई कविताओं का संकलन है।

प्रारम्भ में उन्होंने गणपति वंदना, राम नाम: मुक्ति धाम, शबरी का भक्ति भाव विषयों से ले कर भरत: त्याग की प्रतिमूर्ति आदि का बहुत ही सुन्दर चित्रण किया है।

उसके आगे प्राकृतिक धरोहर, देशभक्ति और औली जैसे पर्यटन स्थल का बहुत ही ख़ूबसूरती से वर्णन किया है।

कुछ प्रेरणास्रोत कविताएँ जैसे कोशिश करनेवालों की कभी हार नहीं होती, श्रम शक्ति, इच्छा शक्ति, संकल्प शक्ति, समर्पण आदि में अपनी भावनाओं को बहुत ही सुन्दर रूप में संजोया है जो बहुत ही प्रेरणादायी हैं।

उसके आगे अन्तरंग अनुभूतियाँ के अंतर्गत कविता क्या है, मित्रता, मेरे मन की आस का पंछी, पुरानी चिट्ठी: यादों की पिटारी, यादों का कारवाँ, प्रीति की मनुहार, आत्मप्रेम, आदि कविताओं में उन्होंने अपने हृदय के भावों को बहुत ही स्वच्छंद रूप में व्यक्त किया है।

अंत में कुछ बहुमुखी कविताएँ जैसे अन्तर्ध्वनि, भ्रष्टाचार, फ़ुरसत के पल, पतंग, किसान, तितली, सैनिक और मछली कविताओं में विभिन्न रंगों को बहुत ही सुन्दर रूप में चित्रित किया है।

इस संकलन के लिए मैं स्मृति जी को बहुत बधाई देता हूँ और आशा करता हूँ कि भविष्य में भी वो ऐसी ही सुन्दर रचनाओं से हमें प्रेरित करती रहेंगीं।

विनय कुमार

प्रबुद्ध ग़ज़लकार

उपाध्यक्ष, "काव्य कला मंच" एवं "लम्हे जिंदगी के"

3

हिंदी साहित्य जगत में जिन रचनाकारों ने शब्दों को संवेदना का माध्यम बनाकर समाज, संस्कृति और जीवन के विविध आयामों को सशक्त रूप में प्रस्तुत किया है, उनमें श्रीमती स्मृति श्रीवास्तव जी का नाम उल्लेखनीय है। उनका नवीन काव्य संग्रह "अभिव्यक्ति", न केवल एक साहित्यिक कृति है, बल्कि उनके विचारों, भावनाओं और जीवन दृष्टि की सशक्त झलक भी है।

श्रीमती स्मृति श्रीवास्तव ने अपना संपूर्ण जीवन हिंदी साहित्य एवं संस्कृति के प्रचार-प्रसार को समर्पित किया है। एक शिक्षिका के रूप में उनकी सोच हमेशा यही रही है कि नई पीढ़ी को साहित्य, कला और संस्कृति से जोड़े बिना एक समरस और विवेकशील समाज की कल्पना अधूरी है। उनके लेखन में यह दृष्टिकोण स्पष्ट रूप से परिलक्षित होता है।

"अभिव्यक्ति" नामक यह संग्रह उनके अंदर गूंजते विचारों, भावों

और जीवन के विविध अनुभवों का सार है। इससे पहले उनका एक काव्य संग्रह है—प्रतिबिंब। दोनों ही संकलन यह दर्शाते हैं कि उनकी लेखनी केवल कल्पना की उड़ान नहीं भरती, अपितु यथार्थ के धरातल पर खड़ी होती है।

"अभिव्यक्ति" की रचनाओं में विविधता है, परंतु सभी कविताओं में एक अद्भुत सकारात्मकता व्याप्त है। चाहे वह माता-पिता के प्रति समर्पण हो या करवा चौथ जैसी सांस्कृतिक परंपरा का चित्रण, प्रत्येक कविता एक भावनात्मक जुड़ाव रचती है।

देशप्रेम और शौर्य गाथाओं से संबंधित रचनाएँ पाठक के भीतर देशभक्ति की भावना को जागृत करती हैं। वीर रस में रचित ये कविताएँ न केवल इतिहास का स्मरण कराती हैं, बल्कि वर्तमान पीढ़ी को प्रेरणा भी देती हैं। साथ ही, प्रकृति चित्रण में उनकी लेखनी की कोमलता, संवेदना और पर्यावरण के प्रति चिंता दिखाई देती है।

इस संग्रह की सबसे बड़ी विशेषता यह है कि इसमें हर कविता जीवन का उत्सव बन जाती है। भाषा सरल, प्रवाहमयी और प्रभावशाली है, जिससे यह संग्रह केवल साहित्य के जानकारों तक सीमित नहीं रहता, बल्कि सामान्य पाठक के हृदय तक पहुँचता है। उनकी कविताएँ भाषायी अलंकरण में उलझकर जटिल नहीं होतीं, बल्कि अपनी सादगी में ही गहराई लिए होती हैं।

स्मृति श्रीवास्तव जी की रचनाशीलता यह संकेत देती है कि कविता केवल भावुकता का नहीं, अपितु विचारशीलता का भी माध्यम है। उन्होंने अपने अनुभवों, सामाजिक परिवेश और सांस्कृतिक मूल्यों को आत्मसात कर कविताओं में पिरोया है।

अभिव्यक्ति वास्तव में उनका आत्मस्वर है— एक ऐसी रचनात्मक पुकार, जो जीवन को सकारात्मक दृष्टिकोण से देखने और जीने की प्रेरणा देती है। साहित्य के क्षेत्र में यह संग्रह न केवल उनकी रचनात्मक क्षमता का प्रमाण है, बल्कि यह भी दर्शाता है कि वे भावनाओं की सच्ची साधिका हैं।

यह संग्रह उन सभी के लिए पठनीय है जो कविता में भाव, विचार और सरोकारों की तलाश करते हैं। युवा रचनाकारों और विद्यार्थियों के लिए भी यह प्रेरणास्रोत बन सकता है, क्योंकि यह न केवल साहित्यिक दृष्टि से समृद्ध है, बल्कि सांस्कृतिक मूल्यों की भी पुनः स्थापना करता है।

मुझे पूर्ण विश्वास है कि 'अभिव्यक्ति' श्रीमती स्मृति श्रीवास्तव की सशक्त साहित्यिक यात्रा का एक और मील का पत्थर है— जो उनके अनुभव, संवेदना और समर्पण को शब्दों के माध्यम से जीवंत करता है। यह संग्रह हिंदी साहित्य को उनका एक मूल्यवान योगदान है।

बहुत बहुत बधाई एवं शुभकामनाएँ

प्रीति मिश्रा

वरिष्ठ साहित्यकार एवं समीक्षक

'शब्द यात्रा' की संयोजिका

4

श्री मती स्मृति श्रीवास्तव जी द्वारा लिखित पुस्तक "अभिव्यक्ति", उनकी विभिन्न पहलुओं पर लिखी गई कविताओं का अनूठा संग्रह है।

ईश्वर वंदना से प्रारंभ की गई कविताओं के पश्चात् प्रकृति और देशप्रेम की कविताओं का बड़ी ही कुशलता से चयन किया गया है। चाहे वह प्रभु वंदना हो या प्रकृति वर्णन,देशभक्ति हो या कोई अन्य, आपकी कविताएँ मन को छूती हैं और जैसा आप सबको विदित होगा कि कविताएँ वही सार्थक होती हैं जो अन्तरात्मा को छू सके। आपकी अनुभूतियाँ एवं अभिलाषा आपकी कविताओं में अपनी छाप छोड़ती है।

बीच-बीच में आपकी कलात्मकता को प्रदर्शित करती हुई चित्रकारी अनायास पाठकों के मन को मोहित करती है।

शिक्षिका होने के नाते मैं भी इस बात से सहमत हूँ कि बच्चों से

बहुत कुछ सीखने को मिलता है और स्मृति जी की कविताएँ विशेषकर जो बच्चों के लिए लिखी गई हैं पतंग हो या तितली, फूल हो या मछली, आपने बड़ी ही कुशलता से अपने भावों को चित्रित किया है।अपनी कविताओं के माध्यम से कवयित्री ने आज के समाज को परंपराओं तथा त्योहारों के साथ जोड़ने का प्रयास किया है। देशभक्त शहीदों का भी गौरवगान आप की रचनाओं की सुखद अनुभूति है। कुल मिला कर पूरे संकलन को बड़ी तत्परता और कलात्मकता के साथ प्रस्तुत करने का प्रयास किया गया है।

कविता का कला पक्ष और भाव पक्ष दोनों ही दृष्टि से आपकी कोशिश सराहनीय है।

साहित्य के क्षेत्र में आप निरंतर आगे बढ़ती रहें, इसी शुभकामना के साथ मैं अपनी लेखनी को विराम देती हूँ।

आपकी शुभचिन्तिका

सरोजिनी चौधरी

वरिष्ठ कवयित्री

❑❑❑